# POÉTICA ARQUITECTÓNICA I

# COLECCIÓN
# ARQUITECTURA Y HUMANIDADES

MARÍA ELENA HERNÁNDEZ ÁLVAREZ

COMPILADORA

Primera edición 2015

**Directorio**

**Dra. en Arq. María Elena Hernández Álvarez**
Directora

**Mtra. en Arq. Patricia Barroso Arias**
Coordinación de Contenido Editorial
Versión impresa y versión digital en: www.architecthum.edu.mx
Colaboración:
Arq. Milena Quintanilla Carranza

**Mtro. en Arq. Federico Martínez Reyes**
Coordinación Editorial
Colaboración:
Cynthia Sugey Acosta Ibarra
Diego Bonilla Bastida
Alicia Guadalupe Wong Hernández
Roberto Israel Peña Guerrero

Fundación Cultural Samperio, A.C.
**Mtro. Guillermo Samperio/Rodrigo de Sahagún**
Revisión ortotipográfica y de estilo

Ilustración de portada:
Federico Martínez Reyes

Queda prohibida la reproducción total o parcial de esta obra incluido el diseño tipográfico y de portada sea cual fuere el medio, electrónico o mecánico, sin el consentimiento por escrito del editor.

El contenido, la selección del material escrito, su organización y la redacción de los artículos, son responsabilidad absoluta de sus autores, quienes han cedido de manera no exclusiva sus derechos de autor a esta edición.

©ARCHITECTHUM PLUS S.C.
Díaz de León 122-2
Aguascalientes, Aguascalientes
México CP 20000
libros@architecthum.edu.mx

ISBN 978-607-9137-37-3

# Presentación

La construcción de la Teoría de la Arquitectura, que es el sustento de todo diseño arquitectónico, implica un complejo proceso reflexivo y crítico mediante el cual se verifica a distancia y en profundidad la enseñanza y la praxis del oficio de ser arquitecto. Si la Arquitectura, es decir, lo habitable, le concierne a todo ser humano, las premisas de ella misma sólo pueden concebirse de manera transdisciplinaria sustentándose en todos los campos del conocimiento porque, además, es a todos ellos a quien va destinado su servicio.

Asimismo, las manifestaciones del humanismo están asociadas a la conciencia social del hombre y a sus circunstancias existenciales en el mundo, de tal suerte que se deben ir generando consideraciones ontológicas y epistémicas en el plano formativo y profesional para el arquitecto. Por ello, asumir una formación humanista desde sus más altos y nobles ideales, constituye una necesidad cada vez más apremiante en el mundo de hoy; y es esto lo que nos transmite una imagen del arquitecto como persona que piensa, que crea y que produce una arquitectura orientada hacia el bien común.

Actualmente, gracias a esfuerzos de profesores e investigadores de nuestro Programa Académico, como la Dra. María Elena Hernández y de su grupo de colaboradores, proyectos editoriales como esta Colección Arquitectura y Humanidades, hacen posible pensar en una Teoría de la Arquitectura impresa con un sello particular en donde el proceso de enseñanza aprendizaje no se concibe ya como un proceso educativo centrado únicamente en la adquisición de conocimientos y habilidades, sino como un compromiso reflexivo y crítico que reclama un cambio de orientación dirigido a la búsqueda de nuevos nexos y relaciones disciplinares, particularmente aquí con las Humanidades.

Así, validando este enfoque transdisciplinar, se escriben y difunden en este proyecto editorial, colección Arquitectura y Humanidades, ideas artísticas, científicas, éticas, filosóficas, poéticas e históricas, que provienen de numerosas visiones del mundo arquitectónico, sustentadas en ideologías, teorías y posturas que están en correspondencia con las exigencias del mundo contemporáneo.

# Prólogo

La *Colección Arquitectura y Humanidades*, tiene el objetivo de fortalecer los lazos entre ambos campos de conocimiento, ya que uno sin el otro no podrían concebirse. Si comprendemos que, tanto la Arquitectura como las Humanidades conciernen a todo ser humano, es por ello que este proyecto centra su propósito en compartir los esfuerzos de muchas personas por enriquecer los encuentros transdisciplinarios que coadyuvan al compromiso con la calidad de las pautas de diseño de los espacios que habitamos los seres humanos.

En este proyecto editorial presentamos numerosos trabajos de exalumnos y profesores del Seminario y Taller de Investigación *Arquitectura y Humanidades* fundado en 1997 en el Programa de Maestría y Doctorado en Arquitectura de la Universidad Nacional Autónoma de México. A partir de ese año, esta *Colección Arquitectura y Humanidades*, tanto en sus versiones digitales como en la impresa, también se ha visto enriquecida de manera significativa con la generosa colaboración de muchos académicos y profesionales de diversas instancias y países.

Los números de este proyecto editorial se presentan organizados en temáticas generales abiertas para multiplicarse secuencialmente. Los artículos en cada número dan a conocer importantes reflexiones teóricas cuyo interés primordial es contribuir a la formación de investigadores y de docentes, así como el promover la generación y divulgación del conocimiento y la cultura arquitectónica y humanística.

Inaugura la lista de autores el Dr. Jesús Aguirre Cárdenas, quien, además de contribuir con un importante ensayo sobre el tema central de esta Colección, ha otorgado en todo momento su apoyo al proyecto académico *Arquitectura y Humanidades*. Expreso aquí mi profunda gratitud y admiración al Dr. Jesús Aguirre Cárdenas por su confianza a esta propuesta académica editorial y, sobre todo, por su inigualable ejemplo humano a seguir; él siempre abriendo caminos.

Por mi conducto, todos los autores que participamos en esta Colección expresamos nuestra gratitud a las autoridades de la Facultad de Arquitectura de la Universidad Nacional Autónoma de México, especialmente a su Director el Arquitecto Marcos Mazari Hiriart, al Maestro en Arquitectura Alejandro Cabeza Pérez, Coordinador del Programa de Maestría y Doctorado en Arquitectura y al Maestro en Arquitectura Salvador Lizárraga, Coordinador editorial de la Facultad de Arquitectura, por el reconocimiento que otorgan a la trayectoria de los autores que participan en esta *Colección Arquitectura y Humanidades*, así como a la calidad de los ensayos que en ella se presentan.

Finalmente, mi especial reconocimiento a la Maestra en Arquitectura Patricia Barroso Arias y al Maestro en Arquitectura Federico Martínez y a sus colaboradores por las incontables horas de entrega, creatividad, compromiso, liderazgo y confianza a este proyecto editorial.

**María Elena Hernández Álvarez**
México, Distrito Federal , diciembre de 2014

VOLUMEN 02

# POÉTICA ARQUITECTÓNICA I

**5** | Prólogo
MARÍA ELENA HERNÁNDEZ ÁLVAREZ

**12** | Introducción
FEDERICO MARTÍNEZ REYES

**14** | La ciudad y los lugares en la poesía de Baldomero Fernández Moreno
HUGO AHUMADA OSTENGO

**32** | Música, Arquitectura y Poesía
MARÍA ISABEL ARENILLAS CUÉTARA

**48** | Poeta residente. Una modesta proposición
ALEJANDRO AURA

**52** | Los rincones
PATRICIA BARROSO ARIAS

**60** | Los Espacios Poetizados. Visión Poética de Juan Carlos Rodríguez Búrdalo
JOSÉ CENIZO JIMÉNEZ

**66** | La Casa Curutchet. Un poema arquitectónico de Le Corbusier en Argentina
CLAUDIO DANIEL CONENNA

Heidegger: hacia la poética arquitectónica
KARINA CONTRERAS CASTELLANOS    76

La arquitectura subterránea. Una imagen poética del espacio interior
JOSÉ CARLOS MARTÍN GALLARDO ULLOA    92

La poética espacial en el gótico
MARÍA ELENA HERNÁNDEZ ÁLVAREZ    100

La imagen poética. Constructora de espacios reales y virtuales
MARGARITA LEÓN VEGA    108

La grandeza de la concha y el encanto de los rincones
JORGE ANÍBAL MANRIQUE PRIETO    114

Poesía y arquitectura: una relación difusa
IVÁN SAN MARTÍN CÓRDOBA    122

Poesía y arquitectura. La imagen entre la fuga y la estancia. El acorde posible
JORGE TAMARGO    130

Sobre los autores    150

# Introducción
**FEDERICO MARTÍNEZ REYES**

Hubo un momento en la historia del arte en el cual la poesía se encontró de pronto en un lugar privilegiado, por encima de sus hermanas y fue el modelo ansiado y perseguido. Entonces, hubo un afán de alcanzar lo poético en un cuadro pictórico, en una sinfonía musical o en un monumento escultórico. La arquitectura también se procuró de la poesía y se llenó de metáforas visuales que pronto fueron mutando hasta convertirse en únicamente metáforas, donde la palabra y lo construido se justificaban mutuamente, complementándose. No bastó ya que lo construido pareciese algo o hiciere referencia visual a otra cosa, conocida o fantasiosa; no bastó la imagen visual, sensible. Lo que importó fue el efecto de lo construido en el ánimo del habitante, ya no en lo que se percibe por la vista, si no por el intelecto y el espíritu. Pero, si la arquitectura se percibe mayormente por los ojos, ¿cómo percibir y hacer visible aquello que no ven los ojos? Con la poesía. Partiendo de esta premisa, algunos arquitectos le arrebataron a las palabras el significado que las piedras callan y las usaron para proclamar lo poético de lo que está construido y de lo que está por construirse. Con la poesía allanaron el camino y muy pronto la arquitectura se vio a sí misma recitando y conmoviendo al habitante.

Los ensayos en este libro son, precisamente, un viaje del pensamiento arquitectónico por el mundo de la poesía, en donde la imaginación de otros nos lleva a lugares anhelados, en espera de ser construidos; en donde la palabra nos lleva a descubrir rincones y jardines para el alma; en donde podemos hallar lo que no encontramos porque no hemos cerrado los ojos y visto. También encontramos propuestas teóricas para un análisis poético de la arquitectura y diversos puntos de vista sobre cómo la poesía puede enriquecer la labor del arquitecto, tanto en su papel de diseñador como en el de habitante.

De la mano de la poesía, este libro nos sumerge en una visión de la arquitectura que se diseña con la palabra más que con el dibujo.

14

# La ciudad y los lugares en la poesía de Baldomero Fernández Moreno

HUGO AHUMADA OSTENGO

Baldomero Fernández Moreno, nace en Buenos Aires el 15 de noviembre de 1886, de padres españoles. A los seis años fue llevado a España, a Bárcena la aldea paterna en Santander y luego en Madrid empieza su bachillerato. A fines de 1899 regresa a su patria. En 1912 se recibe de Médico en Buenos Aires, ejerce su profesión en la ciudad y en el campo. Obra: (1915) *Las Iniciales del Misal*, (1916) *Intermedio Provinciano*, (1917) *Ciudad*, (1918) *Por el amor y por Ella*, (1920) *Versos de Negrita*, (1921) *Nuevos Poemas*, (1922) *Mil Novecientos Veintidós y Canto de Amor, de luz, de Agua*, (1924) *El hogar en el campo*, (1925) *Aldea Española*, (1926) *El hijo*, (1928) *Décimas y Poesía*, (1929) *Sonetos y Ultimo Cofre de Negrita*, (1931) *Cuadernillos de Verano*, (1935) *Dos Poemas*, (1936) *Romances y Seguidillas*, (1938) *Continuación* y (1941) *Buenos Aires* (Ciudad, Pueblo, canto).

Obra ordenada: 1941, Yo, Médico. Yo Catedrático, en 1943, San José de Flores, prosa, en 1943, La Patria Desconocida, en 1947, la Mariposa y la Viga, en 1948 Antología 1915-1947. En 1924 enseña literatura en Colegios Nacionales, en 1934 fue designado miembro de número de la academia Argentina de Letras y muere en Buenos Aires en 1950. [1].

**Baldomero Fernández Moreno y la ciudad**
El poeta ha contribuido con su poesía a entregarnos una lección de amor por sus lugares, desde una relación entre la España de sus padres y su amor por su terruño. Su poesía sigue con fidelidad sus pasos en la tierra: «el pedazo de patria que me tocó vivir, ciudad, pueblo o campo, el amor, el hogar, los hijos, la raza, mis trabajos y mis vacaciones» [2]. Las vivencias de Baldomero y su lectura

sobre la cotidianeidad de la ciudad señalan un punto de reflexión sobre la crisis de ésta. Si el paisaje urbano es el escenario de la vida cotidiana, su estudio y análisis es parte constitutiva de nuestro accionar proyectual y, como tal, esos escenarios degradados que hoy padecemos nos obligan a recordar cómo eran y qué virtudes tenían en un momento determinado.

La ciudad de Baldomero es la ciudad homogénea de los primeros años del siglo XX, pero que ya comienza a producir desaciertos. Entre ella y la despersonalización actual, el autor comienza a emitir alertas: su mirada, es la mirada de muchos que, nacidos en Argentina, mantienen las vivencias de los lugares de nacimiento de sus padres españoles, sus aldeas y montañas.

A la edad de seis años pisa la España de sus padres. Esta vivencia marca sus pasos, pasos que son comunes en muchos argentinos, entre la mirada de lo propio, el recuerdo de la infancia y la tierra de los padres. Entre estos dos mundos, la ciudad y la aldea de origen, Baldomero entrega su vivencia

Él personifica el producto emanado de la constitución de Juan Bautista Alberdi [3] (1810-1884) de 1853, que en su artículo 25 establecía: «la libre inmigración a todos los extranjeros que quieran trabajar la tierra, engrandecer la industria, las ciencias y las artes». BFM es producto de esa política de proceso inmigratorio, en donde Argentina consolidó un avance significativo en cuanto a producción, estabilidad política-económica, social y cultural. Ese momento, llamado el de la generación de los ochenta, marca a la ciudad. Este período que se prolonga hasta las primeras décadas del siglo XX, es el que se denomina el periodo de la ciudad liberal. Las nuevas actividades emanadas de los procesos productivos de la industria, la incorporación del ferrocarril desde fines del XIX, la cultura afrancesada y cosmopolita de las ciudades europeas se reflejan en el paisaje urbano, que Fernández Moreno vive y lee. La política de inmigración también tuvo consecuencias espaciales: la aparición del conventillo. El conventillo [4] se convirtió en la manera en que las familias podían acceder a un lugar para vivir, el hacinamiento permitía una vida en relación que se registró a través del canto y la poesía. Con el tiempo y la cantidad de gente que llegaba comenzaron los problemas de índice creciente de desocupación, la formación de urbanizaciones suburbanas y los problemas de huelgas ante la llegada de anarquistas que organizaron a los trabajadores.

Esto es lo que seguramente vivió BFM a su regreso de España, por el año 1899. La ciudad estaba consolidada, sus límites todavía eran precisos, el crecimiento paulatino. Hoy la ciudad es todo lo contrario, fragmentada, no planificada, espontánea, deshumanizada, con la inseguridad floreciente en donde la segregación de los barrios provoca que lo público se retrotraiga -antes lugares y ámbitos de vida pública, hoy lugares cada vez más segregados (barrios cerrados)- y por lo tanto éstos sean cada vez más como los guetos de la edad media [5]. En la ciudad actual, el caminar es una acción cada vez más restringida u olvidada, las vías de circulación convierten los lugares en *no-lugares*. El paisaje urbano es dictado por las autopistas que nos llevan, después de dos horas de viaje, al lugar de trabajo. La falta de homogeneidad en la edificación, las maniobras de la especulación capitalista en donde el Estado carece de fuerza para plantear controles, la perdida creciente de las zonas de disfrute, la crisis del espacio público como ámbito integrador de usos y relaciones sociales, las áreas deshumanizadas de la periferia, en síntesis, la ciudad, es un objeto segregado, sin cohesión, dividido y fragmentado [6].

Todo esto que hoy padecemos tenía otra característica en los años del «caminar» de Baldomero. Su visión, ya comienza a percibir parte de lo que se avecina. En *Setenta balcones*... denuncia la especulación desenfrenada y la falta de humanidad de los que la habitan. En este ensayo haré un recorrido por la poesía de Baldomero para rescatar algunas de sus imágenes y relacionarlas con los problemas actuales de la ciudad, del espacio público y de los objetos. Las vivencias de este poeta provienen del sello marcado del paisaje español que luego alcanza equilibrio con el paisaje de la pampa o en el de Chascomús donde trabaja como médico. El paisaje materno es reflejado en Aldea Española, relata el pueblo de sus padres en donde sus recuerdos de niñez quedaron marcados.

### Aldea española (1915)

Nací, hermanos es esta dulce tierra argentina,
pero el primer recuerdo nítido de mi infancia
es éste: una mañana de oro y de neblina,
un camino muy blanco y una calesa rancia..

En *Genealogía*, su poesía es un meditar sobre los antepasados, honra la memoria de sus abuelos y les canta con ese orgullo de nieto que ve en ellos el sacrificio realizado.

### Genealogía (1915)

En la sala que adornan cosas de antiguo fausto
Y horribles cachivaches de la pobreza actual
Ante los despintados óleos de los abuelos,
Cuando estoy solo me gusta meditar.

Ese es Baldomero, médico, poeta, ser humano, callejeador, *flâneur* del siglo XX, que reposa su mente para regresar a su pasado y posarla en un estado de ensoñación. BFM se prepara en la meditación cuando está solo, ese momento de la *inmensidad íntima,* como lo señala Bachelard [7]: «En cuanto estamos inmóviles, estamos en otra parte; soñamos en un mundo inmenso. La inmensidad es el movimiento del hombre inmóvil. La inmensidad es uno de los caracteres dinámicos del ensueño tranquilo».

Sus recuerdos de los momentos infantiles los registra asociados a aquellos elementos que tienen que ver con el campo: un estanque.

### Estanque (1915)

Aquel estanque de la infancia
en la gran casa patriarcal,
es un recuerdo de fragancia
para mi mundo espiritual...

Estos son los objetos que su mente registra y penetran en su retina para salir luego en la composición de las fuentes y los silencios de las casas de la arboleda. En la casa montañesa, BFM relata la experiencia de la casa campestre, sus materiales, su forma, sus límites, para BFM, la casa, al igual que para Bachelard, se convierte en su rincón del mundo; casa, es albergue de ensueño, las moradas del pasado son en nosotros imperecederas, y así es la casa del poeta: imperecedera.

La casa Montañesa (1925)

La casa montañesa que fue de mis mayores
prez de indiana fortuna que el viento llevaría,
tenía cuatro, ángulos de piedra sillería
y era clara y alegre con sus dos miradores.

Jardín, huerta, accesoria, muchas frutas y flores
Y al centro un gran estanque de agua siempre sombría.
Una verja dorada todo lo circuía
que yo veo, soñando, más bien resplandores.

Si aún fueras nuestra, casa de bodega y sobrado,
De dulce teja vana rojiza en el tejado,
Habría muchas veces atravesado el mar

Por ver desde un balcón ir y venir las barcas,
Por llenarte de ruido con mis viejas abarcas,
Por encender el fuego de árgomas en tu hogar.

Los recuerdos de su pueblo como paisaje materno, nos recuerda la siempre citada definición de Eduardo Sacriste [8] sobre la casa, que a su vez toma de Spengler: «La casa, es un vegetal que crece en el suelo materno». En BFM también su paisaje se convierte en casa. Su casa no es solamente el albergue de sus sueños sino que el paisaje todo es parte de su casa. Ese paisaje se convierte así en parte de su alma.

La torre más alta (1925)

La torre, madre, más alta
es la torre de aquel pueblo,
la torre de aquella iglesia
Hunde su cruz en el cielo.

Dime, madre, ¿hay otra torre
más alta en el mundo entero?
-Esa torre sólo es alta,
hijo mío, en tu recuerdo...

Los personajes del pueblo son hombres que no tan solo tienen nombre sino que los rememora como poseedores de gran sapiencia. Su poema *Lamberto* y *Juanito* son un homenaje al hombre y su circunstancia, a la vecindad que marca con la amistad la vida en un pueblo y esto para BFM merece la poesía, el hombre no es solamente el que está sino el que nos llega:

Lamberto (1925)

Se llamaba Lamberto, se llamaba Lamberto
Un hombre medieval como guante de hierro
Vivía en una casa denegrida del pueblo:
Sobre la puerta, escudo; sobre el escudo, yelmo...

Las cosas simples de la casa despiertan también en BFM todo un significado, son las cosas de las que nos nutrimos y a las que les adjudicamos valor por el solo hecho de que son nuestras, las queremos por qué están allí, las usamos y con el tiempo pasan a formar parte de uno, ¿cómo darle valor a las cosas? ¿Por lo que valen o por lo que significa para nosotros? El valor de las cosas están en lo que ellas nos recuerdan y ese es su valor. Para BFM el simple fuelle de su cocina genera en él un recuerdo imborrable. Y en Bachelard vemos que estos objetos son los verdaderos órganos de la vida psicológica secreta, los armarios, los estantes, el escritorio, el cofre. Sin estos objetos dice Bachelard nuestra vida íntima no tendría modelo de intimidad. Eso objetos BFM también los considera como parte de su vivir:

El fuelle (1938)

Yo no puedo olvidarte, fuelle de la cocina,
siempre de centinela junto al limpio fogón,
con tu cañón de hierro sobre el piso de encina,
encerrando en tu vientre de cuero el ventarrón...

Los paisajes de su pueblo español a su regreso a Argentina son ya cambiados por el paisaje urbano, y entrega a la poesía y a la arquitectura su canto premonitorio de lo que vendrá, el anonimato del paisaje en donde el hombre lucha para buscar individualidad. Si el paisaje de su aldea española era marcado por la silueta de los campanarios y por las carreteras que cruzan los pueblos, en la ciudad, su paisaje es marcado por los edificios y sus calles.

Anda por la ciudad como el *flâneur* de Benjamin, el típico callejeador de mediados del XIX que recorre los nuevos espacios todavía libres de la congestión, en donde la calle y el pasaje interior se convierte en su espacio vital y, junto con Borges, se tornan los callejeadores de la ciudad de los primeros años del siglo XX. A través de ellos podemos valorar qué impresión les causaban las calles arboladas de Palermo, el café, ese monumento argentino que nos ayuda a mitigar las duras condiciones del vivir en la ciudad, a conocer sus límites urbanos, tan permeables con espacios ajardinados, los espacios semipúblicos de Alexander, ellos ya lo conocían, y los zaguanes tan secretos y misteriosos, en donde era posible estar dentro, pero a la vez fuera, donde el adentro se anticipa desde el afuera, las recovas y las veredas, sus olores a tierra mojada, son los elementos que nos permiten acercarnos a una mirada que debemos recordar, no para traer y copiar a esta ciudad de los albores del siglo XXI, pero sí para entender que desde la simpleza de estos lugares llenos de contenidos, hoy, creamos lugares que no son portadores de este encanto.

La calle se convierte así para BFM en el ámbito en donde transcurre la vida diaria, el lugar en donde es posible encontrarse y conversar, el lugar en donde es posible mirar y ser visto, el lugar en donde a pesar de las amenazas de su muerte como quería Le Corbusier, todavía sigue viva y no morirá; es un ámbito interior y exterior de la ciudad, en donde lo de dentro y lo de afuera de

Bachelard se unen para contribuir a recordar una intimidad antigua: «No es el exterior una intimidad antigua, perdida en la sombra de la memoria» o, no es como dijo Le Corbusier «el afuera siempre es adentro» o como dijo Borges [9]: «la calle es una herida abierta al cielo» o «tus estrellas albrician mi vagancia, pena tras pena» «calle que dolorosamente como una herida te abres» [10]. Para BFM la calle es un lugar en donde él se siente bien, un espacio que lo invita a estar,

    La calle (1917)

    La calle, amigo mío, es vestida de sirena
    que tiene luz, perfume, ondulación y canto.
    Vagando por las calles uno olvida su pena,
    yo te lo digo que he vagado tanto.

    Te deslizas por ella entre el mar de la gente,
    casi ni la molestia tienes de caminar,
    eres como una hoja marchita, indiferente,
    que corre o que no corre como quiera ese mar.

    Y al fin todas las cosas ves como soñando:
    el hombre, la mujer, el coche, la arboleda.
    El mundo, en torbellino, pasa como rodando.
    Tú mismo no eres más que otra cosa que rueda.

    Sí, la calle es un ámbito que despierta, que llama y que nos invita a recorrer, es un ámbito que lo llena de ideas, ese ámbito por donde se «circula» no es la fría «circulación primaria» que solemos utilizar para clasificar calles cuando analizamos el contexto. El «circular» es otra dimensión que BFM encuentra y cuenta.

    La calle me llama
    y a la calle iré...
    Y en medio de la calle
    ¡me siento tan bien!

Cuando pongo en ella
los ligeros pies,
me lleno de rimas
casi sin querer.

La calle, es también el espacio desde el cual percibimos el paisaje urbano, el tratamiento de las envolventes y de cómo mostramos nuestro interior de las casas a la calle. Esas fachadas que articulan la calle, son las que BFM mira, sufre y le asombran. Pero su asombro no es por la calidez de las fachadas sino por la dureza en que la calle es contenida, las fachadas no son las imágenes de su pueblo, ya cambió la escala, la complejidad, y el tamaño, ahora es una calle de la ciudad que denuncia y que alerta. Sus fachadas no son merecedoras de la calle. Sus edificios no tienen un gesto de veneración y respeto hacia esa calle que nos cobija.

Xul Solar [11] (1887-1963) el artista plástico, pensador, filósofo, lingüista, inventor y amigo de Borges, pinta por esos años «cinco casas» en dónde el lenguaje es cubista, con casas sobre palafitos en donde los usuarios adaptan también las formas arquitectónicas que ellos habitan.

Setenta balcones y ninguna flor (1917)

Setenta balcones y ninguna flor
setenta balcones hay en esta casa,
setenta balcones y ninguna flor.......
A sus habitantes, Señor, ¿qué les pasa?
¿Odian el perfume, odian el color? ...

Si no aman las plantas no amarán el ave,
no sabrán de música, de rimas, de amor.
Nunca se oirá un beso, jamás se oirá un clave.
¡Setenta Balcones y ninguna flor!

Esa, es también la ciudad que sufre y que advierte BFM de lo que lograremos, y logramos. Un paisaje en donde lo que prima son las ventanas anónimas sin el menor cuidado y respeto por esa calle que disfrutamos pero que no cuidamos. Estos cubículos que son los departamentos de los edificios y que Bachelard llama: «lugar geométrico, agujero convencional», y que llenamos de cachivaches y armarios dentro de un armario, ellos, son los que BFM denuncia y advierte: Setenta balcones y ninguna flor.

En la poesía de la ciudad, añora el paisaje del campo, su lugar a pesar de que vive y disfruta de la ciudad, sigue en otro lugar, recordándolo y añorándolo, es un poco lo que pasa también con Borges [12], cuando dice que nunca se fue de la biblioteca de su padre, a pesar de que es un espacio que no existe, el cree que sigue allí: «Íntimamente estoy en la biblioteca de mi padre, yo no he salido nunca de esa biblioteca. Los libros de esa biblioteca han sido dispersados, la casa ya no existe; aquella biblioteca que daba a un patio -en ese patio había una parra-, bueno, todo eso ha desaparecido, sin embargo, yo, íntimamente, estoy adentro. Tengo la impresión de que todo lo que he hecho después es un poco falso; quizás esas primeras experiencias fueron las únicas mías». Esto también ocurre en BFM, sus recuerdos y sus espacios a pesar del disfrute de la ciudad, son añorados.

Ciudad (1928)

¿Desde cuándo, desde cuándo,
hombre del hierro y la piedra,
no agito un gajo de hiedra
tras la lluvia goteando?
¿Ni por el medio cruzando
voy de un robledal sombrío?
¿Ni hundo mi cuerpo en un río,
ni una mano en una fuente,
ni un dedo en una corriente,
ni me empapo de rocío?

Si para Octavio Paz [13] la ciudad es un lugar lleno de emociones: «hablo de la ciudad, pastora de siglos, madre que nos engendra y nos devora, nos inventa y nos olvida», para BFM es, a pesar de sus contrastes, un lugar lleno de partes que ama y al que le canta:

> ¡Mira que te soy fiel, Oh ciudad mía!
> Otra vez en la calle como antes,
> Silenciosos mis pasos o sonantes
> Conforme a mi tristeza o alegría.
>
> Bajo el sol empolvado de tu día,
> bajo tus crudos focos centelleantes,
> entre el bullicio de tus habitantes
> estoy buscando algo todavía.

Si a la ciudad le es fiel, al campo y al paisaje, los venera: ora en la pampa de Buenos Aires, ora en la provincia. Su poesía refleja el amor que la tierra despierta en él, el maravilloso sentir del paisaje, sobre el valle de Raco de Tucumán:

> ¿Por qué este velo sombrío,
> Tucumán, sobre tus galas?
> Yo quiero dormir sin tules
> En mi cuja provinciana,
> Pegadito al Aconquija,
> A su pecho verde y malva.
> Tú me sabrás custodiar,
> Ángel mío de la Guarda.

El paisaje le da sentido al vivir que desde la ciudad no alcanzamos a tocar. BFM canta a ese paisaje y toma las fuerzas de él para poder seguir viviendo en la ciudad.

## Su voluntad creativa

Es importante referir que BFM, como tantos otros artistas, crean a partir de su profundo sentir por lo que hacen. Este sentir está imbuido por esa rara cualidad que parte de una voluntad por la creación, por el pensamiento, por los recuerdos y lo condensan en la palabra. Esa voluntad a la que alude Worringer [14] es la que lleva a BFM a tratar de plasmar en la poesía su vivencia en la ciudad. Es como la voluntad creativa del cartero de Cheval [15] quin, a lo largo de los años contribuye a su enriquecimiento espiritual juntando las piedras desde el trabajo a su casa para construir el castillo de sus sueños.

Esa es la voluntad creativa que en BFM entrega la poesía de su ciudad y su gente.

En este constante describir los problemas del hombre y su medio trata de entender una profunda complejidad cultural, como lo hace Octavio Paz [16], quien se sumerge en el pensamiento del hombre mexicano con sus raíces en la cultura precortesiana o como lo hace Martínez Estrada [17] (1895-1964). En este tenor, Samuel Ramos [18] nos enseña que «la finalidad de la cultura es despertar la más amplia conciencia posible de los valores y no como se supone erróneamente la simple acumulación del saber» por eso, es importante recomponer el dualismo de la vida contemporánea lo espiritual y lo material. Esto, según Ramos, se aprecia en la civilización y la cultura y produce una división en el hombre. La lección de Fernández Moreno yace en recuperar a ese hombre que está «solo y espera», y en la posibilidad de introducir en ese hombre un humanismo reconstituido. Su formidable canto nos recompone con nuestro medio, nos hace sentir que es posible recuperar lo perdido, que la ciudad todavía es una utopía que merece ser vivida.

### Sobre el mito y los héroes de Cassirer

Baldomero es uno de los héroes «anónimos» que cita y analiza Cassirer [19], quien se dedica a indagar sobre el mito, su operación y su función dentro de la vida social del hombre. El mito no encuentra una única definición, es la simplicidad misma, no es producto de la razón o del pensamiento reflexivo, es la necesidad de las distintas culturas de encontrar explicación a los hechos incomprensibles a la razón, como la vida o la muerte. Es una manera de fijar referencias como valores que, a través de hechos y narraciones llenas de simbolismos, ayudan a los pueblos a su cohesión interna, a mantener vivas las esperanzas de las relaciones humanas. Los mitos que podemos encontrar en la obra de Baldomero son, más que mitos legendarios, pequeños mitos y ritos cotidianos. En ellos se identifican ciertas costumbres como en la del *flâneur*.

El callejeo constituye uno de los ritos más placenteros, caminar por donde no lo habíamos hecho constituye una experiencia de descubrimiento y goce que BFM hace y goza. Los ritos del café compartido con un amigo o del sentarse en la plaza observando las conductas, la lluvia que cae, el suelo húmedo de la tierra con el olor característico, son experiencias y ritos. Así como para Cassirer, los ritos están profundamente arraigados en la vida social y cultural del hombre en BFM son parte de su ser. Y es ese hombre, que tambien Cassirer apoyándose en Carlyle investiga: el culto al héroe. El culto al héroe es una esperanza perdurable para la condición del mundo, pero en BFM no tenemos a ningún héroe que nos restablezca esa condición, sino simplemente al héroe que hoy, ya es, con su lectura suave y serena de un mundo que ya de lejos traemos y comparamos, la ciudad que fue, no es, ni debe ser la actual, pero el héroe BFM, hace que uno valore lo que tiene de bueno la actual y añore lo que podría haber sido.

## Los estratos de Hartmann

La poesía de BFM, contiene lo que Hartmann [20] denomina estratos. Para Hartmann, la arquitectura contiene estratos internos y externos, los externos están referidos a la utilidad, al fin práctico de la arquitectura, la composición espacial, la proporción es el otro estrato; el de la técnica es el que permite vincular los otros. En cuanto a los internos, Hartmann propone que son los guiados por el sentido del propósito o principio que la rige, por el sentido de la composición entre las partes y el todo que crea una determinada expresión, por la expresión de la voluntad vital o modo de vida él llama a este estrato interno: la idea de la obra arquitectónica o concepción del mundo en la arquitectura. La poesía de BFM contiene estos estratos profundos, que se ligan a la gramática utilizada, a las palabras y sus significados, conjuntándose para conmover la sensibilidad del que lee y entiende; su poesía es una mirada a su existencia, a su cotidianeidad, a sus valores del mundo, en donde están las cosas simples, los objetos, las personas, las calles, el paisaje, en cada uno de ellos están los estratos, son planos que contienen dimensiones y que a partir de ellos encontramos ideas e imágenes formales

## Conclusiones

La lectura de la poesía de BFM, reconforta y alienta a un intento de recuperar aquellos valores que tenía la ciudad, que tiene la gente y que nos ayuda a reflexionar sobre el verdadero sentir y objetivo de la proyectación. Su aporte lo consideramos significativo ya que parte de la esencia del valor del hombre para llegar a descubrir que nuestro vivir es una suma de actos cotidianos que merecen ser valorados.

**Notas**
1. Benjamín Walter, «El parís del segundo Imperio», Cap. II El «flâneur», Madrid: Taurus, 1972, p.49.
2. Fernández Moreno, Baldomero, «Antología 1915-1947», 4° Ed., Argentina: Espasa-Calpe, 1948, (307 pp.)
3. Rouquié, Alain: «Poder militar y sociedad política en la Argentina», Tomo I, Buenos Aires: Emecé Editores, 1994.
4. Ramos, Jorge, «El conventillo porteño», Buenos Aires: Revista de la sociedad Central de Arquitectos, N°198, setiembre de 2000.
5. Saldarriaga Roa, Alberto, «Arquitectura para todos los días», Colombia: Universidad Nacional, 1988, pp.11-35.
6. Gonzalez Tamarit, Luis, «Para comprender la ciudad», Madrid: Nuestra cultura, 1979, (417 pp.)
7. Bachelard, Gastón, «La poética del espacio» 5°Ed., México: F.C.E. 2000, (570 pp.)
8. NIcolini, Alberto, «Eduardo Sacriste, sus escritos», revista «Arquiplus», No. 18, agosto de 1999, p. 48.
9. Borges Jorge Luis, « Fervor de Buenos Aires», España: Emecé, 2007, p.77
10. Borges, op. cit., p.81.
11. Xul Solar, "Un aporte bibliográfico de Mario Gradowiczyk", Revista Summa, N° 12, abril-mayo 1995.
12. Borges, Jorge Luis, Ferrari, Osvaldo, «Diálogos», Barcelona: Seix Barral, 1992, p.114.
13. Paz, Octavio, «Hablo de la Ciudad», Recuperado de: www.letraslibres.com, setiembre de 1986.
14. Worringer, Wilhelm, «la esencia del gótico», Buenos Aires: Nueva visión, 1973.
15. Weiss, Peter, «informes», cap. El gran sueño del cartero de Cheval. Madrid: Alianza, Lumen, 1974.
16. Paz, Octavio, « El laberinto de la soledad», México: FCE, 1999, (95 pp.)
17. Martínez Estrada, Ezequiel, «Radiografía de la pampa», Costa Rica: Universidad de Costa Rica, 1996, (586 pp.)
18. Ramos Samuel, « Hacia un Nuevo humanismo», 3°Ed. México: F.C.E., 1997, (154 pp.)

19. Cassirer, Ernest, «El mito del Estado» cap. IV «La función del mito en la vida social del hombre» y cap. XV «Las lecciones de Carlyle sobre el culto al héroe", México, FCE, 1997, pp. 48, 222.
20. Hartmann, Nicolai, «Introducción a la Filosofía», 2° ed., México: UNAM, 1969, (382 pp.)

## Bibliografía

Bachelard, Gastón, «La poética del espacio» 5°Ed., México: F.C.E. 2000.

Benjamín Walter, «El parís del segundo Imperio», Madrid: Taurus, 1972.

Borges Jorge Luis, « Fervor de Buenos Aires», España: Emecé, 2007.

Borges, Jorge Luis, Ferrari, Osvaldo, «Diálogos», Barcelona: Seix Barral, 1992.

Cassirer, Ernest, «El mito del Estado», México, FCE, 1997.

Fernández Moreno, Baldomero, «Antología 1915-1947», 4° Ed., Argentina: Espasa-Calpe, 1948.

Gonzalez Tamarit, Luis, «Para comprender la ciudad», Madrid: Nuestra cultura, 1979.

Hartmann, Nicolai, «Introducción a la Filosofía», 2° ed., México: UNAM, 1969.

Martínez Estrada, Ezequiel, «Radiografía de la pampa», Costa Rica: Universidad de Costa Rica, 1996.

NIcolini, Alberto, «Eduardo Sacriste, sus escritos», revista «Arquiplus», No. 18, agosto de 1999.

Paz, Octavio, «Hablo de la Ciudad», Recuperado de: www.letraslibres.com, setiembre de 1986.

------------------, « El laberinto de la soledad», México: FCE, 1999.

Ramos, Jorge, «El conventillo porteño», Buenos Aires: Revista de la sociedad Central de Arquitectos, N°198, setiembre de 2000.

Ramos Samuel, « Hacia un Nuevo humanismo», 3°Ed. México: F.C.E., 1997.

Rouquié, Alain: «Poder militar y sociedad política en la Argentina», Tomo I, Buenos Aires: Emecé Editores, 1994.

Saldarriaga Roa, Alberto, «Arquitectura para todos los días», Colombia: Universidad Nacional, 1988.

Weiss, Peter, «informes», cap. El gran sueño del cartero de Cheval. Madrid: Alianza, Lumen, 1974.

Worringer, Wilhelm, «la esencia del gótico», Buenos Aires: Nueva visión, 1973.

Xul Solar, "Un aporte bibliográfico de Mario Gradowiczyk", Revista Summa, N° 12, abril-mayo 1995.

32

# Música, Arquitectura y Poesía

MARÍA ISABEL ARENILLAS CUÉTARA

> *Vámonos inmóviles de viaje*
> *para ver la tarde de siempre*
> *con otra mirada,*
> *para ver la mirada de siempre*
> *con distinta tarde.*
> Xavier Villaurrutia, "Vámonos, inmóviles", *Lugares*, 2006.

La poesía, la música y la arquitectura son artes abstractas que producen ambientes. Las tres crean espacios: imaginarios, reales, simbólicos. Mediante la palabra, la poesía revela la sensibilidad de los hombres al interrogar y decir los presupuestos de la existencia humana en cualquier tiempo, en todo tiempo; al revelarla, expresa lo que permite que nuestra existencia sea verdaderamente humana: el amor y la muerte, la soledad y la comunión, el pesar y la angustia, la alegría, el sentido de la vida y de la experiencia, el lugar del hombre en el universo, su relación con la naturaleza, el paso del tiempo, el recuerdo. Sin duda la música es la más inmediata de las artes respecto a nuestra experiencia sensible; el arte que interpela a nuestra sensibilidad prácticamente sin mediación alguna, en la propia inmediatez de su puesta en acto y, por lo consiguiente, de su experiencia posible. La música echa mano de un lenguaje a un tiempo expresivo e indescifrable, o por lo menos muy difícilmente traducible en palabras; dicho lenguaje está más allá del lenguaje articulado, ya que en él se dan cita ritmo y melodía.

Por su parte, la arquitectura evidencia una voluntad de hacer perdurar el espacio deliberadamente concebido para ser habitado por los hombres, espacio en el que los hombres puedan vivir y morir, amar y soñar, con la dignidad del amparo; espacio en el que puedan expresar sus posibilidades más auténticas y ser sujetos de las experiencias de que hemos hablado al referirnos a la poesía. En el caso de la arquitectura, dichas experiencias no ocurren de cualquier manera, antes al contrario: éstas no suceden a la intemperie sino justamente al abrigo de los espacios creados con voluntad de educación y belleza. Espacios que deben estar al servicio del hombre. Podemos decir, de manera muy general, que si la poesía alimenta el alma propiciando su capacidad de soñar y de sentir, que si la música acaricia esa alma, la envuelve, y alimenta ya el sosiego, ya la intensificación de sus experiencias, así puede afirmarse que la tarea de la arquitectura en referencia a esa misma alma es protegerla, abrigarla y ofrecerle el espacio de amparo y de vida necesarios para que todo lo demás pueda ser, para que el hombre pueda ser. La arquitectura debe ofrecer a los hombres un eje de mundo, un centro de universo.

Poesía, música y arquitectura, en las distintas formas que les son características y propias, evidencian una composición simultánea de planos múltiples, y en sus obras intervienen, a un tiempo, tantos factores y niveles que su resolución analítica es, como se sabe, en extremo difícil, si no es que declaradamente imposible. Con todo, lo que sí es posible afirmar es que la obra de arte no se explica como tal, sino que traduce su modo de ser y devenir a través de la emoción. Hay un paralelismo entre la estructura de la obra de arte y la del alma humana, porque el cuerpo está implicado como instrumento y testigo en la experiencia cualitativa de la propia obra. Toda obra de arte -poesía, música, arquitectura- despierta en quien la presencia y experimenta el sentimiento de la coherencia propia. Así, la obra pareciera implicar y realizar la integración de todas nuestras facultades. Las líneas, los versos, las notas definen un campo espacio-temporal de relaciones, en el que cada parte pertenece al todo, no por una apacible armonía (o no principalmente por ello), sino en virtud de una activación interna; la obra de arte, en este sentido, activa las potencias del espíritu, las posibilidades del ser.

El espacio entraña un fenómeno de comunicación, éste comprende y engloba la singularidad de todos los elementos que lo constituyen a través de la sinergia de los efectos que provoca. Por medio de este intercambio simbólico, cada componente de la obra de arte entra en relación de reciprocidad consigo mismo y con el resto de los componentes de la obra. De ahí que puedan constituirse en símbolo, fuente prácticamente inagotable de significados, aunque sólo al interior del contexto al que dicho símbolo hace referencia. Estos significados provocan nuestros afectos, los orientan y también ofrecen sentidos posibles a nuestra existencia. Justamente por ello, los espacios arquitectónicos y los espacios afectivos son vitales para nuestra existencia física y emocional. En sentido estricto, no podemos poseer a las "ideas" musicales o a las que refieren a los fenómenos espaciales o poéticos, sino que más bien son estas "ideas" sensibles las que nos poseen a nosotros. Somos porque estamos y devenimos en el espacio porque en él nuestro cuerpo deviene; estamos o somos -en términos de un espacio imaginario que implica a las sensaciones- en la medida en que, por ejemplo, la música nos envuelve; somos igualmente, porque el poema nos transporta y nos orilla a volvernos hacia lo más íntimo de nuestro ser.

Conocemos el espacio y lo reconocemos en la medida que, además de experimentarlo en el momento en que nos encontramos en él, lo llevamos en el recuerdo; espacio rememorado, cambiante, que se transfigura con el tiempo en virtud de la memoria y de sus juegos; espacio que viaja en nosotros, acompañado de olores y sensaciones diversas; de sonidos agradables o incluso de ruidos, que son su música; de sus colores y volúmenes, que son su poesía. Un espacio determinado puede remitirnos a experiencias de paz o desasosiego, de alegría o de pena; asimismo, puede arruinarnos el momento, consolarnos o extasiarnos, al ofrecernos sus dones. Nuestra casa, el espacio percibido y vivido -y en felices ocasiones, también concebido- por antonomasia, espacio de intimidad, es el lugar en el que podemos ser nosotros mismos, de manera más auténtica; en que podemos desnudarnos en cuerpo y en alma; en que nos comprendemos, amamos u odiamos. La casa es el ámbito en el que pueden expresarse, con mayor libertad, nuestras potencias demoniacas o angélicas. En una palabra, la casa es nuestra referencia más próxima de mundo, es nuestro mundo; es un mundo que se contrapone y se complementa en relación al mundo exterior y multitudinario, al mundo de la intemperie, allá afuera, allende los muros de nuestra intimidad solitaria y acompañada que compartimos con los nuestros. Con el propósito de ilustrar sensiblemente lo que se ha dicho, he aquí los versos de una serie de poetas hispanoamericanos.

Desde un lugar privilegiado en la poesía mexicana, Ramón López Velarde [1] nos habla a su manera de la casa, en la que se da cita la presencia y el recuerdo de la amada. Poema que revela cómo ciertos espacios puedan marcar nuestras vidas; en este caso, el poema "En tu casa desierta" refiere a un espacio desierto, despoblado, que sólo alberga la ausencia de quien llena el amor del poeta, en la añoranza:

> El alma llena de recogimiento,
> mudos los labios, me detengo en cada
> lugar de tu mansión, ensimismada
> cual si la fatigase un pensamiento.
>
> El naranjo medita. En el momento
> en que estoy en tu alcoba la almohada
> me dice que en la noche prolongada
> tu rostro tibio la dará contento.
>
> Honda en la paz ... Pero la angustia crece
> al mirar que no vuelves. Hace ruido
> el viento entre las hojas, y parece
>
> que en el patio se quejan los difuntos...
> ¡Es el naranjo, que al temer tu olvido
> me está invitando a que lloremos juntos!

Habíamos dicho que el espacio está compuesto por una multitud de elementos, en distintos niveles; que a su vez está conformado por un gran número de espacios... Francisco González León [2], contemporáneo de López Velarde y en cierto modo uno de sus maestros, nos habla de la cocina de la infancia, de esas cocinas mexicanas que en la segunda mitad del siglo pasado, y a principios de éste, eran espacios llenos de color, habitados por aromas amables y por la gente de casa y del servicio en los que tenía lugar la convivencia durante gran parte del día:

"Cuentos de la cocina"

> Candil medio apagado,
> medroso calosfrío,
> cenáculo alelado:
> «... a la medianoche, por la ribera del río,
> pasa llorando la infeliz María...»

¡Qué fría la cocina de mi casa!
¡Qué luz aquella de la lámpara, tan escasa!
Y ¡qué grande el temor que producía
el pensar en los espantos,
cuando la criada seguía
hablándonos de quebrantos
de muertos y aparecidos!

¡Cuántos recuerdos estumecidos!
¡Cuántos recuerdos temerosos! ¡Cuántos!
Y ¡ay de quien no crea
en el canto de pájara agorera
que baja por la húmeda chimenea!

¡Ay de quien no crea
que la saltapared avisa
de maleficios y desolación...!

Y añadía la cocinera
que bajo las cenizas
guardaba la hechicera
sus ojos en el fogón...

Veladoras infernales,
lámpara de luz escasa,
cuentos de la cocina de mi casa
poblados de obsesiones de nahuales.

Friolentas noches de enero,
crédula puericia mía
el ronronear del caldero,
y el estallar de burbujas en mi fantasía.

Y aquella fórmula impía
de aquel volar de las brujas:
«Sin Dios y sin Santa María...»

|María Isabel Arenillas Cuétara

Hasta la propia alcoba, ámbito de reposo siempre, pero aquí de convalecencia para el enfermo, en el que tienen lugar las plegarias que piden por su salud; la alcoba, espacio de amor y también de erotismo al que nos lleva de la mano Xavier Villaurrutia [3], que en sus versos insiste en la luz, como símbolo de esperanza y de vida. La luz: elemento fundamental de la arquitectura:

Se necesita luz...
se necesita luz en esta alcoba,
se necesita luz
porque nunca los dientes de la loba
hieren en plena luz...

Apagad vuestros rezos un momento
no vaya a despertar,
apagad vuestros rezos que presiento
que va a llorar...

Echad fuera esa negra mariposa,
es presagio fatal,
arrojadla a la noche tenebrosa
abriendo el ventanal.

Ya despierta el enfermo. Sus orejas
se ha señalado más...
Ojalá que no sean agoreras
del sueño jamás.

Se necesita luz en esta alcoba,
se necesita luz
porque nunca los dientes de la loba
hieren en plena luz...

También a decir del propio Sabines [4], la casa es el ámbito primigenio del amor y de la relación de pareja, a partir de los mismísimos Adán y Eva, pues en ella se reproduce la vinculación primordial del amor, de manera emblemática, todos los días, hoy y en todas partes; así la casa, el hogar, se construye entre dos y en compañía (Fragmento V de Adán y Eva):

-Mira, ésta es nuestra casa, éste nuestro techo. Contra la lluvia, contra el sol, contra la noche, la hice. La cueva no se mueve y siempre hay animales que quieren entrar. Aquí es distinto, nosotros también somos distintos.
-¿Distintos porque nos defendemos, Adán? Creo que somos más débiles.
-Somos distintos porque queremos cambiar. Somos mejores.
-A mí no me gusta ser mejor. Creo que estamos perdiendo algo. Nos estamos apartando del viento. Entre todos los de la tierra vamos a ser extraños. Recuerdo la primera piel que me echaste encima: me quitaste mi piel, la hiciste inútil. Vamos a terminar por ser distintos de las estrellas y ya no entenderemos ni a los árboles.
-Es que tenemos uno que se llama espíritu.
-Cada vez tenemos más miedo, Adán.
-Verás. Conoceremos. No importa que nuestro cuerpo...
-¿Nuestro cuerpo?
-...esté más delgado. Somos inteligentes. Podemos más.
-¿Qué te pasa? Aquella vez te sentaste bajo el árbol de la mala sombra y te dolía la cabeza. ¿Has vuelto? Te voy a enterrar hasta las rodillas otra vez.

Sin duda la casa es el lugar en que el dolor puede ser reposado, atemperado en la búsqueda de su alivio; el sitio en el que es posible refrendar la voluntad de que la vida continúe, a pesar de la muerte, y sobre todo de la muerte del ser amado; puede ser la casa el sitio en que el dolor quizás crezca en el espacio que se compartió con el ser amado, y en cuya ausencia se despuebla. Así lo quiere expresar Alí Chumacero, en el «Monólogo del viudo»:

Abro la puerta, vuelvo a la misericordia
de mi casa donde el rumor defiende
la penumbra y el hijo que no fue
sabe a naufragio, a ola o fervoroso lienzo
que en ácidos estíos
el rostro desvanece. Arcaico reposar
de dioses muertos llena las estancias,
y bajo el aire aspira la conciencia
la ráfaga que ayer mi frente aún buscaba
en el descenso turbio.

No podría nombrar sábanas, cirios, humo
ni la humildad y compasión y calma
a orillas de la tarde, no podría
decir «sus manos « , «mi tristeza», «nuestra tierra»
porque todo en su nombre
de heridas se ilumina. Como señal de espuma
o epitafio, cortinas, lecho, alfombras
y destrucción hacia el desdén transcurren,
mientras vence la cal que a su desnudo niega
la sombra del espacio.

Ahora empieza el tiempo, el agrio sonreír
del huésped que en insomnio, al desvelar
su ira, canta en la ciudad impura
el calcinado son y al labio purifican
fuegos de incertidumbre
que fluyen sin respuestas. Astro o delfín allá
bajo la onda el pie desaparece
y túnicas tornadas en emblemas
hunden su ardiente procesión y con ceniza
la frente me señalan.

De vuelta a la casa de la niñez a través del canto del poema, acaso tras un largo periplo y todavía a la distancia, para el poeta la casa se transforma de mero recuerdo en ideal rememorado, en imagen viviente que se vincula a un amor primerizo de adolescencia, amor de aprendizaje. Carlos Pellicer nos habla de ello en «Paisajes» [5]:

I
Cuando los árboles entraban a la casa
húmedos de aurora y con una mirada
ponían azul lo que era blanco, y altas
voces de juegos y poemas rompían la ventana
tibia aún de los diálogos -palomas-,
no pasaba nada.
La mañana que vendía relojes de seis horas
y desayunos de paisajes con toalla limpia
y cuadernos con el Arca de Noé y sus

20 atracciones mundiales
al grito de amor y fe,
como tenía los dedos de cristales
y los ojos inmemoriales y los oídos de plata,
no pasaba nada.
Y mientras rezaba con mi madre,
la puerta y yo pensábamos en ti,
tan dulce, tan ligera, tan amante,
que yo veía a los ciegos sumar,
dividir y multiplicar las estrellas ;
y a los sordos
dirigir el concierto de los ángeles.
Tú, que eras un lirio en la noche
con caminos y canciones
y recuerdos de años con lágrimas
y sangre y degollaciones de corazones inocentes.

La casa es el ámbito de la intimidad compartida, en el que el espíritu y los cuerpos de los amantes y la pareja conviven; espacio desde el cual es posible asomarse al mundo, a la luz constelada de la noche, lo mismo que a la luz plena del día. La casa como espacio y testimonio de lo que se comparte y como imagen de la amada, según nos dice de nueva cuenta Jaime Sabines (fragmento XIV):

> Tú conoces la casa, el pequeño jardín: paredes altas, estrechas, y allí arriba el cielo. La noche permanece todavía sobre la tierra y hay una claridad amenazante, diáfana, encima. La luz penetra a los árboles dormidos (hay que ver la isla de los árboles dormidos en la ciudad dormida y quieta). Se imaginan los sueños, se aprende todo. Todo está quieto, quieto el río, quieto el corazón de los hombres. Los hombres sueñan.
> Amanece sobre la tierra, entre los árboles, una luz silenciosa, profunda.
> Me amaneces, dentro del corazón, calladamente.

La casa compartida en vecindades, en el centro de una ciudad enorme, bella y difícil; compartida en la pobreza, que también puede ser experiencia de riqueza espiritual y emocional, de plenitud amorosa; la casa como testigo mudo de las relaciones de familia y entre familias, de la gente común; la casa como testimonio de las vidas que, juntas y compartidas, enriquecen y brindan fortaleza, a pesar de todo. Así lo expresa el poeta y novelista mexicano José Emilio Pacheco, en «Vecindades del centro» [6]:

> Y los zaguanes huelen a humedad
> Puertas desvencijadas
> Miran al patio en ruinas
> Los muros
> relatan historias indescifrables
> Los peldaños de cantera se yerguen
> Gastados a tal punto que un paso más
> podría ser el derrumbe
>
> Entre la cal bajo el salitre el tezontle
> Con ese fuego congelado fue hecha
> una ciudad que a su modo inerte
> es también un producto de los volcanes
>
> No hay chispas de herradura que enciendan
> las baldosas ya cóncavas
> Por dondequiera
> Autos manchas de aceite
> En el XVIII fue un palacio esta casa
> Hoy aposenta
> a unas quince familias pobres
> una tienda de ropa una imprentita
> un taller que restaura santos
>
> Baja un olor a sopa de pasta
>
> Las ruinas no son ruinas
> El deterioro
> es sólo de la piedra inconsolable
> La gente llega
> vive sufre se muere
> Pero otros vienen a ocupar su sitio
> y la casa arruinada sigue viviendo

La poesía habla de los recuerdos de infancia, de la casa y la arquitectura; en éstos, el fervor del poeta por la belleza empieza a germinar. Así, el poeta habla de su amor por los seres queridos, de sus dichas, pero también de sus desgracias; de los momentos difíciles, de los momentos de soledad y de comunión. En un largo poema autobiográfico -del que aquí se cita un fragmento-, poema que en sí mismo constituye un libro, Octavio Paz nos habla de todo ello, a partir del ámbito de la casa [7]:

El patio, el muro, el fresno, el pozo
es una claridad en forma de laguna
se desvanecen. Crece en sus orillas
una vegetación de transparencias.
Rima feliz de montes y edificios,
se desdobla el paisaje en el abstracto
espejo de la arquitectura.
Apenas dibujada,
suerte de coma horizontal
entre el cielo y la tierra,
una piragua solitaria.
La olas hablan nahua.
Cruza un signo volante de alturas.
Tal vez es una fecha, conjunción de destinos :
el haz de cañas, prefiguración del brasero.
El pedernal, la cruz, esas llaves de sangre
¿alguna vez abrieron las puertas de la muerte?

Mis palabras,
al hablar de la casa, se agrietan.
Cuartos y cuartos, habitados
sólo por su fantasma,
sólo por el rencor de los mayores
habitados. Familias,
criaderos de alacranes :
como a los perros dan con la pitanza
vidrio molido, nos alimentan con sus oídos
y la ambición dudosa de ser alguien.
También me dieron pan, me dieron tiempo,

claros en los recodos de los días,
remansos para estar solo conmigo.
Niño entre adultos taciturnos
y sus terribles niñerías,
niño por los pasillos de altas puertas,
habitaciones con retratos,
crepusculares cofradías de los ausentes,
niño sobreviviente
de los espejos sin memoria
y su pueblo de viento:
el tiempo y sus encarnaciones
resulto en simulacros de reflejos.
En mi casa los muertos eran más que los vivos.
Mi madre, niña de mil años,
madre del mundo, huérfana de mi,
abnegada, feroz, obtusa, providente,
jilguera, perra hormiga , jalalina,
carta de amor con falta de lenguaje,
mi madre : pan que yo cortaba
con su propio cuchillo cada día.
Los fresnos me enseñaron,
bajo la lluvia, la paciencia,
a cantar cara al viento vehemente.
Virgen somnilocua, mi tía
me enseño a ver con los ojos cerrados,
ver hacia adentro y a través del muro.
Mi abuelo a sonreír en la caída
y a repetir en los desastres: al hecho, pecho.
(Esto que digo es tierra
sobre tu nombre derramada : blanda te sea.)
Del vómito a la sed,
atado al potro del alcohol,
mi padre iba y venía entre llamas.
Por los durmientes y los rieles
de una estación de moscas y de polvo
una tarde juntamos sus pedazos.
Yo nunca pude hablar con él.
Lo encuentro ahora en sueños,
esa borrosa patria de los muertos.

Hablamos siempre de otras cosas.
Mientras la casa se desmoronaba
yo crecía. Fui (soy) yerba, maleza
entre escombros anónimos.

Finalmente, digamos que la arquitectura sólo es posible en tanto que es construida; que la música sólo cobra existencia si es ejecutada; que la poesía sólo se materializa en el poema. Señalemos, asimismo, que estas tres artes producen ámbitos, atmósferas, espacios sonoros, musicales, espacios arquitectónicos que nos envuelven y nos transforman. La sonata, el poema, el espacio-tiempo como espacio vivido, representan experiencias que nos convierten en seres totales, así sea en la inmediatez de la experiencia estética, así sólo sea por unos instantes. De ahí el privilegio de tales experiencias, en la medida en que podemos oír, leer o vivir lo que tales artes nos ofrecen. Se trata de un encuentro en el que cuerpo y espíritu se reconcilian.

## Notas

1. Salvi, L. "El paisaje en el texto. El paisaje del texto. Elementos petrarquistas en la poesía de Ramón López Velarde", Dicenda. Cuadernos de Filología Hispánica, 2013, pp. 153-165.
2. León, F. G., de Alba, A., Velarde, R. L. "Campanas de la tarde", México: Consejo Nacional para la Cultura y las Artes. Dirección General de Publicaciones, 1990.
3. Villaurrutia Xavier, "Obra poética", Madrid: Hiperión, 2006, p. 346
4. Plascencia Saavedra, M. "Jaime Sabines y la Biblia", "Literatura Mexicana", Vol. 16, México, Universidad Nacional Autónoma de México, Instituto de Investigaciones Filológicos, Centro de Estudios Literarios, 2005.
5. Molano Nucamendi, H. Carlos Pellicer, "Poesía completa", 3t. Ed. México: UNAM/CNCA/Ediciones del Equilibrista, 1997.
6. Pacheco, José Emilio, "Alta traición: antología poética", Madrid: Alianza Editorial, 1985, (116 pp.)
7. Paz Octavio, "Obra poética: (1935-1998)", Barcelona: Galaxia Gutenberg, 2004, (1588 pp.)

**Bibliografía**
León, F. G., de Alba, A., Velarde, R. L. "Campanas de la tarde", México: Consejo Nacional para la Cultura y las Artes. Dirección General de Publicaciones, 1990.
Molano Nucamendi, H. Carlos Pellicer, "Poesía completa", 3t. Ed. México: UNAM/CNCA/Ediciones del Equilibrista, 1997.
Pacheco, José Emilio, "Alta traición: antología poética", Madrid: Alianza Editorial, 1985.
Paz Octavio, "Obra poética: (1935-1998)", Barcelona: Galaxia Gutenberg, 2004.
Plascencia Saavedra, M. "Jaime Sabines y la Biblia", "Literatura Mexicana", Vol. 16, México, Universidad Nacional Autónoma de México, Instituto de Investigaciones Filológicos, Centro de Estudios Literarios, 2005.
Salvi, L. "El paisaje en el texto. El paisaje del texto. Elementos petrarquistas en la poesía de Ramón López Velarde", Dicenda. Cuadernos de Filología Hispánica, 2013.
Villaurrutia Xavier, "Obra poética", Madrid: Hiperión, 2006.

48

# Poeta residente
## Una modesta proposición

ALEJANDRO AURA

He aquí que antes de que amaneciera, incluso antes de que comenzaran los gorriones y las primaveras a anunciar la llegada inminente de la luz del día, cuando todo estaba aún a orillas de las negras aguas de la laguna de los sueños, me comenzó a rondar algún dios o una diosa que me sugería una y otra vez proponer la creación del puesto de Poeta Residente en la Construcción. ¿Pero cómo sería eso?, me preguntaba a mí mismo sin querer desunir mi cabeza a la blanda piedra placentera de la almohada, y sin poder hacerlo. Pues muy sencillo: la Casa del Poeta debe asumir la histórica responsabilidad y comenzar a tramitar, tanto en la Cámara Nacional de la Industria de la Construcción como en los Colegios de Arquitectos y de Ingenieros, así como en las Comisiones correspondientes del Congreso, la reglamentación que especifique que cada obra de carácter público que se apruebe en el país tenga la obligación de contratar a un Poeta Residente que vaya confeccionando su obra poética al tiempo que se fabrica el edificio, la carretera, la presa, el monumento.

No necesariamente descriptivo pero sí en paralelo; sin restricciones ni prejuicios -no limitéis la libertad creadora, ya sabrá el maestro si utiliza el ingenio para labrarse, con estructura semejante, un palacio interior o si nos da la bitácora de las navegaciones; cualquier cosa estará bien pues se habrá de elegir a los mejores mediante jurados móviles de personalidades del mismo oficio-; y aun con la invitación para asistir a juntas y alegatos de ingenieros, arquitectos, proyectistas y todos los que deciden los caminos a seguir en lo construido; por el lapso que la obra transcurra y con la obligación de presentar lo realizado al tiempo que se inaugure -aunque claro que no será necesario que declame en el acto protocolario-, sin demérito de que el poeta se pueda permitir, ya bajo su cuenta y riesgo, seguir con el mismo tema durante el resto de su vida.

Los presupuestos para tales obras, sobre todo las faraónicas, que serían las más demandadas, suelen remontarse a los cientos o miles de millones por lo que el salario del Poeta Residente, por mejor que fuera, sería semejante a la insignificancia de un grano de alpiste en la sección de gramíneas y a cambio de eso el país tendría una riqueza poética -aparte de la mucha de que ya disfruta-, relacionada de manera directa con sus anhelos constructivos, con su crecimiento urbano y mundano. Una auténtica poesía civil acompañando el desarrollo colectivo. (¡Hay que proponérselo mejor al Presi directamente!) Los poetas tendrían de qué vivir, su obra estaría indisolublemente ligada al tiempo y a los acontecimientos y le daríamos al mundo un ejemplo de cómo nuestra república ha sabido aprovechar a sus poetas antes que tomar el trillado camino de echarlos de su seno.

Claro está que la participación de los vates sería estrictamente voluntaria: el que quiera, que se aplique y que aplique y solicite, y el que no, que no. Pero, ¿se imaginan ustedes al Poeta Residente que le hubiera tocado el contrato del Hotel Sheraton del Proyecto Alameda? (Esa hora lodosa no distingue público de privado sino, si acaso, grande y pequeño, y eso en dosis muy peculiares.) Desde la excavación profunda para colocar los cimientos hasta la coronación de las antenas que al final le correspondan en la cresta.

Y habría estado tantas horas de tantos días de tantos meses enfrente, en la Alameda, con su abigarrado bagaje histórico y espiritual, y en las propias rampas por donde los albañiles, los plomeros, los electricistas a toda hora suben y bajan, viendo, conviviendo con el hormigueo del trabajo, la llegada de los materiales, el esfuerzo del músculo y el cumplimiento mecánico de las herramientas, la solidificación del aire piso a piso, el reto de la hercúlea construcción burladora de los terremotos, el entorno transformado, la efervescencia de la vida, el taquero en bicicleta con los frascos de salsas verde y roja amarrados a la canasta equilibrista en la parrilla, y por las madrugadas laborales, la vaporera de donde brotan los vigorosos tamales con que se confeccionan las guajolotas. Por decir algo. Aunque claro que el ojo del poeta vería lo que los demás no vemos por más que también sea nuestro.

O el poeta chiapaneco al que le hubiera tocado ser residente en la Presa del Sumidero. ¡Qué epopeya! ¡Sólo de imaginarla me suda la frente! O los residentes de las colosales excavaciones del Metro o del Drenaje Profundo. O el Poeta Residente en la construcción de una autopista a través de cientos de kilómetros de desierto en Sonora. Mucho mejor que la más generosa de las becas. En fin, por no ser exhaustivo, se los dejo así, aunque a mí me haya durado mucho más el ensueño, por lo que estoy en la mejor disposición de ofrecer las asesorías que sean necesarias (no por fuerza gratuitas ya que cada quien debe vivir de lo que, mal que bien, sabe hacer).

52

# Los rincones

**PATRICIA BARROSO ARIAS**

**Una Introducción al sentido de la casa y sus rincones**

> *La casa es y sigue siendo hoy, un arquetipo...*
> (Coppola, 1997).

En la casa tenemos la protección, la seguridad y para mucha gente es el símbolo del yo. La configuración de la casa siempre cambia, ya sea cuadrada, alargada o circular, para el nómada era la tienda circular, mientras que la casa de la ciudad frecuentemente es cuadrada, pero hoy se ve ya la casa amurallada y cercada. En la casa de la ciudad y en sus pisos, entre el sótano y el desván se comprenden los rincones, en ésta el sótano, el cuarto, el vestíbulo o la estancia cobran expresiones lingüísticas, cuya imagen se da sólo en el espacio interno que se percibe por uno mismo. Aquí los rincones se definen por su relación con el que lo habita, el que lo usa, el que lo disfruta y se mueve dentro de ellos como lugares que se recorren y se dominan.

Aquí, en el uso de la casa es donde el hombre opera en cada rincón, en donde marca su territorialidad, su distancia y su espacio existencial. En el rincón se constituye espacialmente la riqueza del lenguaje y el devenir del ambiente, en éste se tiene un lugar propio, suficiente para dar una sensación de seguridad y pertenencia.

**Los Rincones [1]**
Un rincón es el germen de un espacio, de una casa, de una iglesia, de una plaza. El rincón vivido se oculta, se abstrae, en él se recuerda y se dialoga con el silencio de los pensamientos, éste tiene el carácter de reservado y el retiro del alma encuentra

su refugio, es el lugar seguro y próximo, construido con muros, puertas, ventanas, macizos o vanos, lugar que propicia a la mente imaginaria, intimidad que se crea cuando nos refugiamos, es el espacio del ser. En él se habita, es el casillero del ser del alma, aquí la acoge, la abraza y la mantiene. Juego de la espacialidad, detalle y espacio modelado, donde el mundo, el universo y la forma de ver la vida quedan replegados en él, éste no se olvida de nada, contiene recuerdos, todo está bajo el signo de la actualidad vivida.

Rincones asignados donde acurrucarte y donde asombrarte, espacio que espera la llegada de la luz, en donde se medita sobre la vida y la muerte, lugar que da vida a la imagen, lleno de matices del habitante, habitador de rincones, soñador de rincones, de ángulos, de agujeros, donde nada está vacío y todo se llena, el rincón que se colma cuando lo vivimos, es encantado y habitado. Aquí la meditación abunda y vive poderosa y feliz, donde lo lejano vuelve a encontrarse y permanece, en éste se encuentran los remedios al tedio, se ocupa el espíritu, es una cosa que el espacio nos confiesa, lugar donde vaga la imaginación, vida soñadora manejada en las minúsculas madrigueras del espacio.

El rincón como espacio de meditación, donde el misterio de las cosas y todo el infinito encuentran lugar, unidad donde convergen los colores, la luz, las texturas, donde se valora el muro, el agua y el árbol, es espacio potenciado que se niega a los otros. Rincón, lugar de ensueño minucioso, armario de recuerdos, umbral de intimidad y memoria activa. Lugar donde morar, de reposo del ser, donde se estampa fácilmente el deseo de habitarlo, así sentimos que nos gusta vivir ahí, hay un impulso que nos lleva a vivir los rincones que nacen a veces por la gracia de un diseño y donde el tiempo se despliega, es un espacio habitable que constituye armoniosamente la estampa de la vida. En el rincón el lenguaje sueña, la curva, la línea, el signo, el ángulo; todo se expulsa y valoramos los elementos que nos invitan a permanecer, en él la imagen vive en el detalle, es interior y reposo íntimo, habitar el rincón es perderse en los lejanos lugares en busca de tesoros sorprendentes, en éstos viajamos por el tiempo y exploramos el espacio.

Entonces desde aquí dibujo las cosas, he aquí un ángulo, he aquí el rincón que prende al soñador, en el que se puede salir del espacio físico para viajar al imaginario. El rincón estampa un fragmento del espacio vivido y lo convierte en imagen, podremos así ver un enroscamiento de espirales que nos acoge como si fueran unas manos juntas, en este pequeño lugar, el aquí y ahora se funden, al habitar el rincón de una casa se encuentra el calor y la vida tranquila en el seno de una curva, en sólidos perfectos y ambientes que permiten los ensueños y los pensamientos.

La casa como un espacio privilegiado, es entendida en su unidad y complejidad, es el lugar de intimidad, de impresiones, donde se revela una adhesión a la función primera de habitar. La casa es nuestro rincón que conlleva a la poética de su espacio, albergue, refugio, habitación y morada, donde nuestra vida se compenetra y se realiza; es el lugar seguro, adecuado, el paraje de nuestra vida y contiene la serie de espacios que buscan el tiempo. En ésta hay un espacio y un tiempo comprimidos, hay también ilusión de estabilidad y centralidad, en su interior nos hacemos sensibles a las funciones del habitar y del construir, aquí todo es edificado con espacios polarizados, es la expresión sensible del refugio. La casa de la infancia, la casa rústica o la casa de los abuelos, la casa que soñamos o la que vivimos, es morada. En ésta, la habitación acentúa una zona de protección, de intimidad que busca un verdadero refugio con la misma raíz «habitar», lo que se guarda activamente en ella es la acción doméstica generada en los lugares que ascienden y descienden, en orden y desorden, en la secuencia de cuartos que reconstruyen el interior en el equilibrio íntimo de los muros, de los muebles, de los vanos y de los eventos. La creación de ambientes se debe a sus recursos, ésta es un tejido de habitaciones que implican desplazamientos, movimientos y pertenencias con el espacio, en ella los rincones evocan imágenes de espacio y su intimidad.

Los rincones son espacios donde la ensoñación se profundiza hasta el punto en que una propiedad inmemorial se abre para el soñador y todo se revela en la memoria e imaginación. La ilusión ciega que labra el espacio proyectivo dispuesto a manifestar sus impresiones íntimas para construir la región de la intimidad donde se crea el espacio que domina y que se consagra, que atrae y evoca; lugar que conserva su penumbra y es morada. En cada nicho se desliza el ensueño, se simboliza el lugar donde uno va a descansar en el pasado, en el presente y en su tiempo.

En el espacio imaginado, el olor y el límite se piensan para evocar los valores de la intimidad, ahí donde el hábito se vuelve jerarquía. En suma el espacio ha inscrito en nosotros la noción de las diversas modalidades del habitar, espacios donde se crea una región de los recuerdos guardados por los seres y por las cosas que ahí han vivido, que han habitado, con pertenencias que fijan los más lejanos recuerdos, todo esto configura un centro de ensueños que siguen en una memoria viva y poéticamente útil.

Habitar poéticamente los espacios ¡Qué privilegio!

Y así podemos preguntarnos en dónde están estos rincones, esos lugares que reciben todos los poderes del vocabulario, entregados a toda la arqueología de las imágenes y tallados en lugares comunes. Aquí están en la casa y su universo, en la habitación, en el nido y la concha, en la dialéctica entre el dentro y el afuera. ¿Una adorable habitación no hace más poético el invierno y no aumenta el invierno la poesía de la habitación? Qué marco de tranquilidad, la soledad del sueño y la soledad del pensamiento. La habitación, lugar donde se tejen sueños y vivencias, espacio cálido que enfrenta al invierno, que acumula ilusiones y se confunde con nosotros mismos. Espacio de rasgos personales, cargado de curiosidades y colores, que conoce una extensión de valores, ahí, enclavado en un complejo del universo, en la habitación los ruidos colorean la extensión del espacio o su ausencia la deja pura, en ella el silencio invade la paz nocturna y el azul de la noche baña sus muros. Espacio frío que expresa un mundo, su invierno; todo lo que la rodea le otorga identidad, el cuarto, la sala, el comedor nos dan la lectura cuando se reconoce la importancia de sus elementos significantes, estos elementos lingüísticos reunidos en signos aprendidos y reproducidos.

¿Cómo expresar este acoplamiento singular de un hombre y un edificio? En el refugio que busca las riquezas de su vocabulario y que demuestra las imágenes que vivimos un poco. Un rincón, un nido, una concha que hemos vivido, espacio encontrado, deslumbramiento del momento íntimo, albergue de la privacidad. Espacio habitado que se hace querido, misterioso, que entrama una experiencia silenciosa, abrigo con testimonio de albergue, con muros de adobe, imagen interior, lugar natural para habitar. El refugio se vuelve un componente espacial, donde todo nos lleva a comprender a la intimidad.

Es en la formación y no en la forma donde se encuentra el misterio, en la conformación del rincón se abre un tiempo, el de la meditación. Es un museo de formas, todo se revela tan bello que estar «ahí» es un sacrilegio, y vivimos las imágenes del habitar, nos invita el rincón a la meditación de la intimidad, es el espacio habitado que sorprende nuestra imaginación, lugar donde surgen las cosas como una caja de sorpresas, donde uno reflexiona, piensa, imagina y sueña. El rincón es el lugar plagado de nuestra vida, inmerso en la existencia diaria, un lugar que cobra a la imaginación ensoñaciones, ausencias y silencios, y que a veces no importa su forma designada, ya que en éste cualquiera que sea su arquitectura, queda grabada nuestra libre intimidad, ahí hierve. En éste se formula la paz y la tranquilidad que empapan una vida, el rincón es el símbolo de donde salen los principios de la curiosidad, de la calma, del movimiento, de nuestros actos y del ser.

Pero esta referencia al misterio de su lenta formación, conlleva un tiempo de meditación, una operación que revela la raíz de los colores, de las formas, del orden espacial y en sí de toda su expresión dialéctica. Rincones, habitaciones, cuartos y refugios inmersos en su concha, esa concha habitada con forma asignada, geométrica y sólida, donde su forma es la habitación de la vida. Conchas, que esconden su interior y lo alejan del exterior, sencillas o complejas, donde los muros dan acción a las moléculas geométricamente asociadas en el tejido mismo de su materia. Estas manifiestan ese devenir de sus contenidos, su solidificación y la conquista de su forma invitan a la belleza, su materia construida es aplomada con tal «arquitectura», que se mantiene el orden figurativo donde los rincones se reúnen con las lecturas del cuerpo, en un encuentro físico para llevar a cabo su función principal, la de habitar.

| Patricia Barroso Arias

**Notas**

1. Bachelard Gaston, "La Poética del Espacio", México: Breviarios del Fondo de Cultura Económica, 1965. Esta prosa poética es una interpretación del texto de Bachelard, quien siguiendo el afán de romper con los hábitos de la investigación filosófica, sugiere estudiar a la arquitectura desde un enfoque poético. Este enlace entre poesía y arquitectura, intenta presentar a la imagen que nace o renace de una prosa que habla no sólo de arquitectura, sino de su poesía o de su concepción idílica. Esta noción de prosa poética estimula nuevas ideas que surgen de la experiencia de vivir un espacio en el diálogo continuo del habitar, por ello, Bachelard reconoce que el acto poético es muy próximo al espacio arquitectónico, si se entiende que en su conformación formal y en su sentido de habitabilidad, interviene una fenomenología de la imaginación.

**Bibliografía**

Bachelard Gaston, "La Poética del Espacio", México: Breviarios del Fondo de Cultura Económica, 1965.
Coppola Pignatelli Paola, "Análisis y Diseño de los espacios que Habitamos", México: Árbol, 1997.

# Los espacios poetizados
## Visión poética de Juan Carlos Rodríguez Búrdalo

JOSÉ CENIZO JIMÉNEZ

En La poética del tiempo en la obra de Juan Carlos Rodríguez Búrdalo (2002), nos dedicábamos íntegramente a analizar las claves de la poética de este poeta, nacido en Cáceres, región de Extremadura, España, en 1946. Su obra se compone, hasta el momento, de trece libros de autoría individual, desde *El arpa cercenada* (1985) hasta *Los himnos devastados* (2002) y la antología *Cuando llegue el olvido* (2004), además de las colaboraciones en publicaciones colectivas (sobre todo, los poemas incluidos en *Poemas* 1992. X Concurso de poemas Ciudad de Zaragoza, 1992, bajo el título de *En las breves comisuras del mar*) y un buen número de poemas premiados en distintos certámenes o incluidos en antologías, pliegos poéticos, revistas, periódicos, etc.

Los libros citados han recibido premios de prestigio, como el Premio Internacional Jaén, el Premio Claudio Rodríguez de Salamanca, el Premio Orippo de Dos Hermanas (Sevilla), el Premio Ciudad de Alcalá de Henares, entre otros, con jurados en los que se encontraban escritores o investigadores de reconocido prestigio como Luis López Anglada, Caballero Bonald, José Hierro, Rafael Morales, Manuel Alcántara, Ángel García López, Luis Mateo Díez, Pere Gimferrer, Díez de Revenga, Javier Lostalé, etc. Le han dedicado su atención crítica, en prólogos o en reseñas y artículos autores como López Anglada, José L. Buendía, Ángel García López, Joaquín Benito de Lucas, Leopoldo de Luis, Carlos Murciano, Mª Victoria Reyzábal, etc. Quiere esto decir que, por ambos lados, el de los premios literarios y el de la atención crítica, la obra poética de Rodríguez Búrdalo, poeta atípico por estar fuera del prototipo habitual de lírico (es general de la Guardia Civil) y ajeno casi por completo a los tradicionales círculos literarios, ha encontrado paulatinamente un lugar a tener en cuenta en el actual panorama poético español, bien variado y repleto de nombres, por cierto. La consideración crítica hacia su obra debe ir a más teniendo en cuenta lo dicho.

Juan Carlos Rodríguez Búrdalo asiste al milagro de la palabra poética con entusiasmo e inocencia, concienciado del poder limitado y balsámico a la vez de la creación poética, un don especial -como neorromántico que es- que reciben algunos para revelar su sentimiento y profundizar en el gran misterio que aún desvela al hombre: el tiempo, la muerte. Lo efímero de la vida es, en efecto, el tema central de su lírica netamente elegíaca, nostálgica no sólo del tiempo primero y azul, la infancia, sino también del tiempo más remoto y ancestral de la humanidad, como refleja el libro *Nocturno y luna del planeta Muerte*. Ésta es la materia, el contenido del conjunto poético de nuestro poeta, sin descartar otras miradas hacia el amor, la patria y la profesión militar o el desarraigo de la gris convivencia urbana en la gran ciudad.

En cuanto a la forma o expresión, se expresa este universo intimista y elegíaco a través de formas métricas variadas, predominando el verso libre o el endecasílabo blanco. Un lenguaje sencillo pero progresivamente más depurado y exacto, sin perder vibración personal, cuajado de valores simbólicos e imágenes sugerentes de larga tradición literaria (ceniza, luz, mar, camino...), que consigue transmitir al lector la sensación de reflexiva y serena elegía que, primordialmente, busca conseguir el poeta. Su obra está vinculada explícitamente a la tradición -Manrique, Lope, Garcilaso, Bécquer...- y a la poesía más reciente a través de su aprecio por los grandes poetas de la generación del 50 -Ángel González, Brines o Claudio Rodríguez-.

**Espacio, Historia y Poesía**
Nicolás del Hierro Nicolás del Hierro en «Al sur de las estrellas» (Madrid, 1992, p. 60) escribe: «La piedra, aquí está presente como lo está la estética en la palabra y acentos del poeta; la poesía, aquí, es música arquitectónica (...)». Piedra y alma, historia y sentimiento, espacio arquitectónico y música versal se funden en este libro, en el que Rodríguez Búrdalo dirige su mirada poética hacia Cáceres, en el recuerdo, y su Ciudad de Piedra, centro antiguo de la ciudad declarado Patrimonio de la Humanidad. Iglesias Benítez, en la solapa de este libro, dice que aquí encontramos «ecos que

nos introducen en un Cáceres inespacial y eterno» y que «en él no existen localismos cuando la hondura humana es capaz de entonar cantos que convierten cualquier paisaje en universal». En esta necesaria alquimia lírica insiste Alfred Rodríguez en el prólogo (p. 6): «La primera (parte), urbana, ciudadana, rememora la patria cacereña en su monumentalidad histórica, pero siempre subyaciendo el temblor lírico, personalísimo y universal del poeta ante su entrañable arquitectura» en la órbita de la poética machadiana y unamuniana.

La conversión del objeto o realidad monumental histórica en símbolo al fin y al cabo de temporalidad emocionada es más intensa en la segunda parte, «Dos puentes, cien olvidos», donde espacio y tiempo, se dan de abrazos: «Alconétar, ruinas del puente», «Puente romano de Alcántara», «Piedras Albas», «Guadalupe», «Calle Juan Blanco»... Sobre estos últimos espacios cargados de tiempo, de historia -de lucha por sobrevivir-, sin olvidar a las personas que los recorrieron o habitaron, en un tiempo lejano -Pedro de Alcántara «Fray Enjuto», Carvajal, los árabes...- o cercano -sus abuelos-, derrama Búrdalo su nostalgia y su preocupación por el paso del tiempo, atento al «murmullo de la Historia» (p. 41). Veamos el principio y el final del poema dedicado a Guadalupe (pp. 45-46):

> Más allá de las cepas indolentes,
> más allá del rostro invariado del tiempo,
> más allá del credo impositivo.
> Hay una ternura de caricia frágil sobre el aire,
> a la cintura vertebrada de Villuercas.
> (...)
> Dice la campana diptongos de quietud,
> y cae la tarde.
> Afuera
> sigue hilando la fuente
> su rumor antiguo.
> Más lejos,
> el frenesí de la noche
> cabalga ciudades entregadas...

Asimismo el final de «Puente romano de Alcántara» (pp. 41-42):

No sé, no sé cómo este puente
que hubo de escupir el olvido,
escarnio que los dioses nos dejaron
antes de partir, este racimo colosal
de piedras obedientes
sigue fiel al mandato o al designio.
Sé que al pisar los siglos de su palma
un largo escalofrío me recorre
y me dice que allí,
sobre las aguas,
bajo el cielo,
se reconocen mis huesos en la piedra
y medito la herencia de mis pasos.

El yo íntimo del poeta nunca se detiene en lo externo, sino que lo interioriza y funde líricamente, como en el poema dedicado a José Solís Castro (p. 49):

No barrunta la tarde otra algarada.
Yace un arco de púrpura igual
por donde el mirar concluye.
Casi noche el cerro en su abandono,
y yo mismo.
Cae un rocío piadoso
a las alas del pájaro último.
Arde el crepúsculo su lágrima perenne
sobre el roto afecto de los hombres.
Enciende la distancia luminarias de ausencia
donde el corazón habita.
El encinar acuesta
mustio silencio,
la piel vieja de siempre,
oscura melodía,
acre levadura.

Se ha perdido en las estrellas el chillo del búho
y no barrunta la tarde otra algarada.
Casi noche el cerro
y el silencio
y yo mismo.

En este final hemos visto un ejemplo, con la poesía de Rodríguez Búrdalo, de cómo arquitectura y poesía pueden, de alguna manera, hermanarse.

**Bibliografía**

Cenizo Jiménez, José, "La poética del tiempo en la obra de Juan Carlos Rodríguez Búrdalo", Cáceres: Diputación de Cáceres, 2002.
Del Hierro Nicolás, «Al sur de las estrellas», Valor de la palabra, 27, 1992.

# La Casa Curutchet
## Un poema arquitectónico de Le Corbusier en Argentina

CLAUDIO DANIEL CONENNA

Se trata de una obra significativa de la arquitectura moderna, la cual ofrece aportes esenciales en las enseñanzas del diseño a cualquier ideología arquitectónica. Esta obra existe en la ciudad de La Plata en la lejana Argentina, apartada de los principales centros de producción arquitectónica y eclipsada por el gran volumen de la obra de Le Courbusier (LC). En el período de proyecto y construcción de la Casa Curutchet (1949-1955), LC estaba desarrollando algunos de los más importantes proyectos de su carrera, aquellos que reafirmarían su lugar en la historia de la arquitectura y el urbanismo. Ch. Norberg Schulz escribió en 1974, que en general, todo el último período de LC, puede considerarse como la realización más importante de la arquitectura del siglo veinte [1]. Ante esta reflexión podríamos señalar como período de preludio el lustro dentro del cual se ubica la casa Curutchet circunscrita entre las siguientes obras [2]: St. Dié (1946-1951), L'Unité Habitation, Marseilles (1946-1952), Roq et Rob, Cap Martin (1949), Chandigarh Capitol Buildings, India: Secretariat, (1951-1957), High Court Building (1951-1956), Le Maisons Jaoul, Neuilly (1952-1955), y Notre Dame du Haut, Ronchamp (1950-1955). Las obras mencionadas, las cuales, fueron proyectadas y la mayoría de ellas construidas en el mismo período que la Casa Curutchet, eclipsaron naturalmente por su magnitud a la obra en cuestión. Tal vez por ello, los historiadores e investigadores que se han ocupado de estudiar la obra de LC raramente se han referido a ella. Esto obviamente no le quita ni valor ni tampoco niega su trascendencia.

En la casa Curutchet se confirma, no sólo el revolucionario concepto de la arquitectura moderna dado por él mismo sobre la idea de casa: "La maison est une machine á habiter" [3], sino también, su aspecto siempre innovador, capacidad de síntesis y sus destacadas lecciones aportadas en cada obra. No podríamos negar que esta casa es una obra altamente educativa, de gran valor e interés para el estudio y el aprendizaje, tanto a nivel general como su implantación, dando respuesta participativa al contexto urbano en la relación arquitectura y ciudad [4] con una fuerte y original idea rectora hasta los niveles particulares de resolución funcional, formal, espacial y tecnológica. La singular importancia de esta obra radica en que, aún, sigue ofreciendo motivos y respuestas a cuestiones actuales de la arquitectura, y tal vez, sea esto lo más significativo por su carácter de atemporalidad.

Conjuntamente con el análisis compositivo de ésta obra, intentaremos también detenernos en otro aspecto, tal vez más profundo y complejo como es el tratar de entender qué representa para nosotros hoy, en el umbral del siglo XXI, la actividad de LC, -indiscutiblemente uno de los más grandes arquitectos contemporáneos-, con una enorme universalidad y variedad en el campo de las ideas y que ofrece siempre soluciones, tanto en el aspecto técnico como en lo poético en el desarrollo de las mismas. Repetidas veces LC vuelve sobre el tema de la necesidad que tiene el hombre de belleza, la cual explica de dos modos; primero, como resultado del uso de formas elementales y la proporcionada geometría, y segundo, como resultado de un apropiamiento funcional; vale decir, cuando una cosa es funcional es bella. Respecto de esta casa podríamos decir lo mismo que sostuvo LC en relación a la Acrópolis de Atenas, "…el aparente desorden del plano sólo puede engañar al profano".

La funcionalidad del sector de la vivienda no sólo se da por las conexiones horizontales en cada planta y la vertical de la escalera, las cuales, podríamos denominar como comunicaciones físicas, sino también, por la comunicación de orden visual y de función psicológica. No debemos olvidar que la arquitectura debe servir para hacer la vida de las personas más feliz. En la vivienda, esa función de servir psicológicamente se logra en escencia a través del vacío creado en la planta de los dormitorios sobre la sala de estar.

Vacío que, por otra parte, desde el plano superior, amplía la perspectiva sobre la terraza jardín y la plaza. He aquí una razón más de reconocer la importancia funcional de la propuesta en corte. La idea de recorrido, paseo o *promenade architecturale* que encontramos en la casa Curutchet, ya había sido planteado por LC desde hacía más de dos décadas. El objetivo fundamental era ofrecer dinámica en las visuales durante el recorrido, perspectivas cambiantes con visuales inesperadas y sorprendentes. Se trata de una investigación-resolución sobre el tema de la dinamización espacial [5] en donde se maneja el valor del tiempo como una dimensión más, para el entendimiento del movimiento del hombre en el espacio. En este caso la rampa, como elemento fundamental del paseo arquitectónico, supera lo estrictamente funcional para crear jeraquizaciones dentro de la relación espacio-tiempo.

En la casa Curutchet, el paseo o la *promenade architecturale* se enriquece significativamente mediante la composición entre los elementos arquitectónicos que se utilizan: los pilotis, la rampa en su recorrido de ida y vuelta, el manejo de planos horizontales de las losas el volumen de la vivienda horadado en su base y el árbol. Toda la composición responde tanto a las condiciones dimensionales y morfológicas del terreno como a su situación de emplazamiento. Además, crea con dichos elementos situaciones espaciales dinámicas, percepciones variadas de visuales y perspectivas, más una consecuente transición escalar y luminar en todo el espacio de su recorrido con la intención de mover y conmover al hombre que vive el edificio.

La definición del ingreso principal está dado por un elemento simple, un prisma donde se ubica la puerta de entrada, el que se lee claramente por su soledad en el vacío de la planta libre, y nos indica por donde se debe entrar. Es en éste prisma donde se define con rigor de presencia el punto de cambio y de paso de lo abierto a lo semicubierto, de la claridad a la penumbra, del ruido al silencio, de la incógnita a la respuesta, del misterio a la revelación y de la exploración creativa al drama arquitectural. La planta libre, creada y utilizada una vez más por LC en la que se verifica el sentido de apertura de la misma, permite la integración y la incorporación visual del parque al interior del edificio. La planta libre en este caso concreto, definida como umbral, no fue sino creada con el fin de ganar coherencia funcional y significado espacial al tema del ingreso junto a los elementos que "libremente" se agrupan y se ordenan en ella, como así también, al vacío que se crea como complemento de amplitud debajo de la vivienda en el centro del terreno.

Uno de los elementos más sobresalientes en el diseño espacial de la casa Curutchet es la transparencia, la cual, se podría definir en este caso como cualidad inherente en la organización de este edificio. En su diseño podemos apreciar dos tipos de transparencias [6]. Una transparencia real – literal – expresada como premisa principal, con cualidades físicas-materiales y visuales directas, vale decir, como un "mirar directamente desde". Y, como parte complementaria, se advierte una transparencia a la que podríamos definir como fenomenal (gr. fainomai-fainetai), aparente como exploración y búsqueda más fina y detallada en el desarrollo del diseño de una percepción sugestiva la que se logra haciendo penetrar grandes masas de luz a través de vacíos y aperturas creados ex-profeso para advertir la presencia de un espacio abierto que no se ve directo, pero se percibe, vale decir, fenoménicamente un "percibir a través de".

El espacio de la terraza jardín, en el frente de la vivienda y sobre el consultorio, está idealmente pensado desde su ubicación, mirando a las dos plazas que aparecen en primer plano y al bosque en un segundo. Todo un diseño para gozar de los beneficios del cielo, del sol, de la luz, de la sombra y de las visuales. LC explota en el diseño de este edificio la forma y orientación del lote, así como también las condiciones colaterales para conseguir en diferentes niveles las mejores visuales y la mayor iluminación natural. Se trata de una elaborada propuesta de espacialidad que parte esencialmente de la implantación [7].

Podríamos afirmar, que el resultado espacial de esta obra se logra a partir de un sincero y amplio diálogo de opuestos en convivencia perfecta entre sí como: la Matemática y la Percepción, la Razón (lo objetivo) y la Experiencia Psicológica (lo subjetivo), la Geometría y la Irregularidad Plástica, la Restricción y la Libertad, la Unidad (armado-ensamble) y la Rotura (desmaterialización y despegue), el Lleno y el Vacío, lo Opaco y lo Transparente, la Luminosidad y la Penumbra, lo Abierto y lo Cerrado, el Orden estructural y la Variedad Visual, la Ortogonalidad y la Oblicuidad, el Dinamismo y la Estaticidad, lo Real y lo Virtual, lo Expreso y lo Fenoménico. La situación topográfica del terreno de menos de

200 metros cuadrados de superficie [8] y con tres medianeras, donde se implanta la Casa Curutchet, tiene como característica principal, como hemos dicho anteriormente, la apertura a dos plazas y al bosque. Aparte de considerar que para esta obra el espacio exterior se torna realmente como un imán visual, ya que, desde cualquier parte de la casa se vuelve de algún modo hacia él, podemos señalar como respuesta directa a ello tres situaciones principales de relación Interior-Exterior. Estas se manifiestan más notoriamente, en tres niveles diferentes. La primera en el nivel de ingreso, la segunda en el nivel del Consultorio y la tercera en el nivel de la Vivienda.

El mensaje más importante que obtenemos de esta brillante composición arquitectónica, a partir de, las relaciones espaciales entre el interior y el exterior, es el de responder a las necesidades de orden psicológico-espirituales, además de las eminentemente materiales, técnicas y funcionales. En el lenguaje formal de esta obra vivienda-consultorio podemos advertir que se conjugan tres de los variados criterios compositivos en la filosofía proyectual de LC, los cuales, podríamos llamarlos influencias, por las cuales, se sintió de algún modo atraído resultándole atractivos a la hora de proyectar y construir. Se trata de las formas puras en la volumetría arquitectónica, la blanca arquitectura del Mediterráneo y la estética maquinista. Con este repertorio formal y sus detalles favoritos, LC resuelve magistralmente en un perfecto ensamble los tres lenguajes por su modo de re-elaboración. En esta elaboración, precisamente, radica el compromiso que siente LC como arquitecto en la creación de un nuevo y propio lenguaje, el cual, naturalmente se apoya en la evolución tecnológica.

En la casa Curutchet, encontramos varios de los signos del lenguaje arquitectónico, con su respectiva función y valor semántico, empleados por LC en la mayoría de sus obras. Además de las cinco "vocales" básicas, pilotis, planta libre, ventana horizontal continua, *fenêtre en longeur*, terraza jardín y fachada libre, encontramos también muros curvos y luz cenital (en los baños), puertas pivotantes, *brise soleils*, rampa, escalera abierta, muro neutralizante y espacios de doble altura. La geometría rígida en la superficie de la fachada se equilibra con la interpenetración plástica de los volúmenes, que, en conjunto logran un variado y cambiante juego perspectivo.

Se trata de una obra de arte funcional que refleja el optimismo y la alta ambición de uno de los más grandes pioneros del movimiento moderno. Podríamos afirmar que, en este juego plástico hay un recuerdo de LC de una revisión de carácter Purista ensayada por la década del veinte. El *brise soleil* de la fachada principal (del consultorio), que se desarrolla desde el primer nivel sobre los pan-de-verre del consultorio elevándose por sobre el segundo sobre la terraza dando de esta manera, marco, límite y escala, ocupa el centro de la composición total, tanto en vertical, ocupando de los cuatro niveles, los dos centrales, así como, en horizontal despegándose sensiblemente de los laterales. El modo en que se presenta con tanto vacío por los cuatro límites y por detrás, nos da la impresión de estar "suspendido" en el aire.

El *brise soleil* de la vivienda, al estar apoyado en toda su altura en el volumen construido nos da la impresión de una piel muy calada que cubre la enormemente aventanada cara frontal de su caja arquitectónica. Las alturas de los brise soleils siguen las proporciones estudiadas en el Modulor 0,863m., para el nivel del antepecho y 2,260m., para el nivel superior. La Casa Curutchet tiene un indiscutible valor arquitectónico, tanto en la calidad de su diseño y su materialización como por su importancia en el aspecto histórico-contextual. Por otro lado, las virtudes didácticas que encierra en lo general y particular de su proceso de diseño son válidas para un reconocimiento y estudio más exhaustivo.

**Su valor arquitectónico se fundamenta:**
En primer lugar: a) por el modo contextual de implantación como elemento componente de la ciudad, b) por la resolución de la zonificación con una delicada ocupación del terreno considerando las particularidades de cada uno de sus límites, y c) por su elaborada idea rectora en corte.

En segundo lugar: a) por la resolución funcional de los temas (consultorio-vivienda) separados e integrados, b) por la riqueza espacial resuelta con singular maestría en un espacio tan reducido y c) por la respuesta volumétrica, considerando dentro de la composición del lleno que implica la arquitectura, el valor del vacío como una variable fundamental para resolver la dimensión psicológica de sus usuarios.

En tercer lugar: a) por la plasticidad formal del conjunto, b) por el valor individuado que otorga a los elementos constructivos y programáticos de su composición (losas, muros, columnas, escalera, rampa, prisma de ingreso, *brise soleils*, baldaquino, baños), y c) por el diseño articulado entre ellos, integrando sin unir o separando sin desintegrar, liberando sin anarquizar, jerarquizando sin degradar.

Además del resultado proyectual y constructivo de esta obra, como producto de la resolución material en términos de tecnología, función, espacio y forma, su valor didáctico se encuentra también más allá de ello; vale decir, en el proceso de diseño donde LC hace participar a las variables inmateriales de psicología y percepción, de búsqueda e investigación por otros caminos, dentro y fuera de la arquitectura. El hecho de que LC haya realizado esta obra en plena madurez de su vida y su carrera, nos permite decir que tenía muchos más elementos para evaluar y volcar sobre el proyecto, el que más allá de ser experimental, es fruto de la experiencia. En el proceso de diseño de esta obra, no podemos ignorar un proceso investigativo más amplio que incluye, la escritura, la observación de otras culturas, la pintura, la escultura y el de su conocimiento y experiencia a lo largo de tantos años de práctica arquitectónica.

El común denominador en los procesos de búsqueda y diseño de LC lo encontramos en el carácter de atemporalidad, con los pies en la tierra adaptándose a cada circunstancia, pero dando respuestas con la mirada en lo alto, despegado pero simultáneamente comprometido con la realidad, con un elevado nivel de pensamiento, crítica y resolución. La amplitud de pensamiento dentro de la actitud dogmática de LC se la podríamos atribuir a su carácter de apasionado voyayer-viajero y observador de otras culturas y tipologías arquitectónicas, como proceso de realimentación y consecuente transformación. LC de este modo, se convierte en una especie de apóstol de las naciones que predica el nuevo testamento de la arquitectura, iluminado por un Esprit Nouveau con principios universales y atemporales. En fin, para concluir este estudio sobre la Casa Curutchet hemos elegido una frase suya, la cual, nos lleva a expresar lo mismo que él expresara cuando comienza su análisis sobre La Lección de Roma:

"...De pronto tu tocas mi corazón, tú me haces bien, me siento feliz y digo. Esto es Bello. Eso es Arquitectura. El Arte entró" [9].

**Notas**
1. Norberg Schulz, Christian, "Meaning in Western Architecture", London: Cassell and Company, 1975, p. 207.
2. Le Corbusier, "Oeuvre Complète", 1946-52, Vol. 5, Zurich: W. Boesiger, 1966. Œuvre complète 1952-1957, Vol. 6, Zurich: W. Boesiger, 1968.
3. Le Corbusier, Vers une Architecture, Paris: Vincent & Fréal, 1958, p. 83
4. Arrese Alvaro,"Le Corbusier y La Plata", Buenos Aires: Summa 181, 1982, pp. 38-39,
5. Tomas Héctor, "El lenguaje de la arquitectura moderna", La Plata: Varas, A. 1997, pp. 159, 177-179.
6. Rowe Colin, "Manierismo y arquitectura moderna y otros ensayos", Barcelona: G. Gili, 1982, pp. 155-177.
7. Pérez Oyarzún Fernando, "Le Corbusier y Sudamérica, viajes y proyectos", Santiago de Chile: Escuela de Arquitectura, Pontificia Universidad, 1995, p.143. Liernur Francisco - Pschepiurca Pablo, "Precisiones sobre los proyectos de Le Corbusier en la Argentina 1929/1949", Buenos Aires: Summa 1987, p. 52.
8. Las medidas aproximadas del lote son: 8,90m. Ancho perpendicular, 23,50m. Lado largo, 17,40 m. lado corto, 10,30m. Frente en diagonal.
9. Le Corbusier, Vers une architecture, "Mais tout à coup, vous me prenez au coeur, vous me faites du bien, je suis heureux, je dis: c'est beau. Voilà l' architecture. L' art est ici", pág. 123.

**Bibliografía**
Arrese Alvaro,"Le Corbusier y La Plata", Buenos Aires: Summa 181, 1982.
Le Corbusier, "Oeuvre Complète", 1946-52, Vol. 5, Zurich: W. Boesiger, 1966.
_____, Œuvre complète 1952-1957, Vol. 6, Zurich: W. Boesiger, 1968.
Le Corbusier, Vers une Architecture, Paris: Vincent & Fréal, 1958.
Liernur Francisco - Pschepiurca Pablo, "Precisiones sobre los proyectos de Le Corbusier en la Argentina 1929/1949", Buenos Aires: Summa 1987.
Norberg Schulz, Christian, "Meaning in Western Architecture", London: Cassell and Company, 1975.
Pérez Oyarzún Fernando, "Le Corbusier y Sudamérica, viajes y proyectos", Santiago de Chile: Escuela de Arquitectura, Pontificia Universidad, 1995.
Rowe Colin, "Manierismo y arquitectura moderna y otros ensayos", Barcelona: G. Gili, 1982.
Tomas Héctor, "El lenguaje de la arquitectura moderna", La Plata: Varas, A. 1997.

# Heidegger: hacia la poética arquitectónica

KARINA CONTRERAS CASTELLANOS

*"Pero lo que queda, lo instauran los poetas."*
Hölderlin, IV, 43

**Introducción**
"Todo arte es en esencia Poesía" [1] argumenta Martin Heidegger (Alemania: 1889-1976), la Poesía como el vínculo básico entre las distintas disciplinas artísticas. Se refiere a Poetizar más allá del sentido restringido de la poesía en general. Por eso se hace la diferencia entre poesía y Poesía. Esto es que no significa que las demás artes estén subordinadas a la literatura. La Poesía que se encuentra en todas las artes en términos Heideggerianos es el verdadero camino para acercarnos a lo divino, al Ser Absoluto. Ya que los poetas fundan los nuevos alcances del lenguaje comunicando significados inéditos, y con esto amplían nuestra visión del mundo.

He elegido a este filósofo porque en el caso de mi tema de investigación: "Espacio arquitectónico, música para el alma" es esta idea de Heidegger, de que todo arte debe ser Poesía, la que sienta las bases del vínculo entre ambas disciplinas que atañen mi trabajo: música y arquitectura. "La poesía es una metafísica instantánea. En un breve poema, se debe dar una visión del universo y revelar el secreto de un alma, del ser y de los objetos al mismo tiempo" [2]. Por lo tanto la Arquitectura es Poesía cuando es digna, cuando no pierde su sentido, el de crear espacios para el beneficio del ser humano que le ofrezcan mucho más que sólo un techo sobre su cabeza. La Poética de la Arquitectura debe provocar y conmover a quien la habita y la experimenta, llegando a su interior. Espacios que se alojan en la memoria, que nos apropiamos, que propician la reflexión, el disfrute de la vida y cultivar la dimensión espiritual, espacios que preservan y desarrollan nuestra esencia, espacios que nos acompañan en la vida cotidiana, pero están diseñados para proporcionar una poética del habitar en armonía con el entorno, con la tierra, el cielo y lo divino.

Poetizar la arquitectura no se limita a espacios de gran envergadura. La Poesía tendría que estar presente siempre en los proyectos a cualquier escala, para habitar, para recorrer, para trabajar, o sólo transitorios. No se nos debe olvidar la dimensión humana de la Arquitectura y al vivir rodeados de espacios a lo largo de toda nuestra existencia, estos deberían inspirar nuestra vida e incluso a nuestros anhelos de trascendencia.

**Poética, Habitar y otros conceptos de la filosofía de Heidegger**

> *"...Y los signos son, desde tiempos remotos, el lenguaje de los dioses."*
> (Hölderlin, IV, 135)

Heidegger desarrolla su pensamiento influenciado por la fenomenología de Husserl y el nihilismo de Nietzsche. Pero marca un parte aguas en la filosofía al cuestionar su base: lo que es el Ser, y no lo da por hecho como otros pensadores. Para él al *Ser Absoluto* no lo podemos conocer del todo, sólo tenemos la capacidad de ver sus manifestaciones. Este Ser es divino, inabarcable e inaccesible. Coloca al ser humano *(Dasein)* entre el *Ente* (todo lo que existe y se halla sujeto al tiempo, fenómenos y lo sensorial, pero carece de conciencia) y el *Ser Absoluto* divino que no está sujeto al tiempo. *Dasein* es la esencia como seres humanos, es el *ser ahí*, el ser en el mundo con conciencia, la existencia humana cuyo límite es la muerte. El *Dasein* debe permanecer abierto al mundo, a los demás, al *Ser*, y vaciarse para permitir que las cosas sucedan y percibir sus manifestaciones, dándole sentido a su vida. Heidegger describe tres características básicas del *ser ahí*: el mundo, la finitud y la soledad.

El mundo que habita es la totalidad o plenitud, y al ser el estado de "entero" no puede fragmentarse en fenómenos dispersos, es el conjunto de todo lo real, de lo encarnado y de lo concreto. La finitud o "modo fundamental de nuestro ser", se refiere a la muerte que nos define como seres humanos, ya que es parte intrínseca de nuestra existencia finita. Este proceso de finitud o "devenir finito" ser realiza en soledad. La soledad es necesaria para separar la individualidad del *Dasein* del resto del mundo, no como simple hecho social, sino como diferenciación y como nostalgia. El hombre es soledad por su nostalgia por el *Ser Absoluto*, al cual anhela, percibe, pero no puede alcanzar en su totalidad. Olvidamos la nostalgia al evadirnos, pero al olvidarla también dejamos de lado la búsqueda de la verdad y de lo divino, y de nuestro sentido existencial.

Por ello el hombre debe evitar una *existencia impropia*, debe optar por el cuestionamiento, sin falsos consuelos y sin evasiones. Empezando por aceptar la inaccesibilidad al Ser, pero aspirando a percibirlo en momentos en los que se está vacío para llenarse de él, aunque esto sólo sean fragmentos de su resplandor, con ello el alma se siente plena. El camino del arte, pero sobre todo el de la Poesía es el que nos ayuda a acercarnos a esa inmensidad y perfección del Ser, al cual añoramos. Al aceptar la ausencia del Ser podremos entonces emprender su búsqueda, la búsqueda de la verdad y tal vez algún día rozar la divinidad. Para el pensamiento griego el término usado para designar al arte se refería no a la mera ejecución práctica de un objeto estético o con ciertas cualidades de belleza. El significado era mucho más amplio y explicaba una especie de saber como capacidad de ver y percibir lo presente más allá de la superficie. Y la esencia del saber yace en la desocultación del ente y en revelar al Ser oculto en el arte [3].

Entonces la Poesía es la revelación de la verdad vinculada con lo divino, con el *Ser Absoluto*. La Poesía y el arte que Poetiza entonces nos acercan a este Ser, de ahí su importancia y trascendencia, pues nos llevan más allá de lo superficial, de lo terreno. Conectan nuestra alma hacia otras dimensiones y planos superiores, ayudándonos a darle sentido a nuestra existencia. El lenguaje es el precursor en la evolución del arte, antes de que exista un cambio significativo en las disciplinas artísticas, esta ruptura o cambio se da primero en la Poesía. El lenguaje hace posible el pensamiento, y con ello la expresión de nuestra visión del mundo, por medio de él expresamos nuestras percepciones, las comunicamos, las transformamos y las aprendemos. Pero de este, el lenguaje poético es el más libre, ya que permite atisbar lo indescriptible, describir lo imaginario y salir de la dimensión terrena, metaforizando sensaciones, sueños y emociones.

Por eso Heidegger elige a la Poesía como el camino a la verdad. Y dentro de la Poesía toma al romanticismo alemán como inspiración, ya que uno de los temas principalmente desarrollado por sus exponentes fue el de la *nostalgia*. De ahí que eligiera al poeta alemán Friedrich Hölderlin para analizar en su trabajo la esencia de la poesía [4], pues en su obra se hallan matizadas las distintas formas de nostalgia, como el mundo de los sueños o la reflexión sobre el pasado. "Hölderlin no se ha escogido porque su obra, como una entre otras, realice la esencia general de la poesía, sino únicamente porque está cargada con la determinación poética de poetizar la propia esencia de la poesía. Hölderlin es para nosotros en sentido extraordinario el poeta del poeta" [5]. También lo elige porque coincide con su nostalgia hacia la muerte de los dioses. Hölderlin Y Heidegger comparten esta idea de Nietzsche, la falta de Dios: "La falta de dios sólo significa que ningún dios sigue reuniendo visible y manifiestamente a los hombres y las cosas en torno a sí estructurando a partir de esa reunión la historia universal y la estancia de los hombres en ella. Pero en la falta de dios se anuncia algo mucho peor. No sólo han huido los dioses y el dios, sino que en la historia universal se ha apagado el esplendor de la divinidad. Esa época de la noche del mundo es el tiempo de penuria, porque, efectivamente, cada vez se torna más indigente. De hecho es tan pobre que ya no es capaz de sentir la falta de dios como una falta" [6].

Para Heidegger los poetas son los mensajeros de los dioses, ya que la poesía es la aspiración a lo divino. Así por medio de ella se establece una conexión del hombre con lo terreno y lo celeste, los mortales y el *Ser divino*, cuatro elementos cuyo concepto nombró como la *Cuaternidad*. Este pensador también hace un acercamiento profundo a conceptos directamente ligados a la Arquitectura, principalmente en su ensayo "Construir, habitar, pensar" utilizado para la conferencia que leyó en el Darmsträder Gespräch en 1951 ante varios arquitectos que deberían reconstruir las ciudades tras el paso de la Segunda Guerra Mundial. Empieza por analizar el término alemán *bauen* que significa *construir* y viene de *buan* que significa *habitar*. Por lo tanto *construir* es propiamente *habitar*. Habitar es el fin que preside todo construir. Define al *habitar* como la actividad que permite al Dasein reafirmarse en su yo soy, que permite la interacción de la Cuaternidad, que abriga, que cuida y que permite cultivar (producir) al hombre. Habitar no es sólo residir y permanecer, es también construir, es la manera en como los mortales son en la tierra, y construir como habitar es cuidar y erigir.

"No habitamos porque hemos construido, sino que construimos y hemos construido en la medida en que habitamos, es decir en cuanto que somos los que habitan" [7]. El habitar nos da sentido de pertenencia e identidad. Su objetivo es poder permanecer en un sitio en paz, cuidado y satisfecho. Cuidar no sólo preservando, si no conservando la esencia de algo. Los espacios que habitamos deben de conservar nuestra esencia y permitirnos estar en paz "Los mortales están en la Cuaternidad al habitar" [8]. El hombre reside en la tierra, abajo del cielo y permanece ante los divinos, y forma parte de la comunidad de la humanidad junto a otros hombres. Pero el habitar del hombre se encuentra conforme cuida la esencia de la Cuaternidad, en la medida en que salva la tierra, en la medida en que respeta al cielo, en la medida en que espera a los divinos y en la medida en que conduce su propia esencia hacia la muerte, aceptando su existencia como algo finito de lo que debe hacer algo con sentido.

El hombre habita cuando vive en armonía con su entorno y lo preserva. Lugar, Memoria y Naturaleza contra Espacio, Tiempo y Técnica ideas del enfoque que en la modernidad prevalecía. Son los lugares de la Cuaternidad los que pueden devolver al hombre contemporáneo una dignidad que la técnica contrapuesta a la naturaleza elimina [9]. El *habitar* permite generar un espacio vacío para contener y permite estar al *Dasein*. Al igual que en el ser humano debe vaciarse para poder contener las manifestaciones del Ser Absoluto, también debe existir este espacio en su hábitat. Todas estas características del habitar son las que permiten *construir*, erigir con un espacio libre para cuidar y producir. *Construir espacios donde se pueda habitar*, esto es donde se cuiden las esencias de las cosas y del ser humano junto con los otros tres que forman la Cuaternidad. *Construir* es el proceso de transformar el espacio genérico a un *espacio habitable*, aquel que es propicio para llegar a lo profundo de la dimensión humana. Sólo si somos capaces de aprender a habitar seremos capaces de aprender a construir, ahí reside el *pensar*, la reflexión sobre el profundo significado y repercusión de crear espacios para la vida del hombre, debemos como arquitectos pensar para el habitar.

## Descubriendo la Poética en la Arquitectura

> *"Pleno de méritos, pero es poéticamente como el hombre habita esta tierra."*
> (Hölderlin VI, 25)

Entonces para habitar se requiere Poesía, por lo tanto la Arquitectura debe ser Poesía, al ser capaz de proporcionar espacios de dignidad habitable. Tiene que generar diseños con las condiciones adecuadas para conservar esta Cuaternidad y acercar al hombre con lo divino. Cualquier espacio que no contemple alguno de los aspectos de la Cuaternidad y del real habitar y construir está por lo tanto incompleto. No sólo está obligada a satisfacer una función para resolver necesidades de subsistencia básica, se requiere propiciar el enriquecimiento de la existencia e incitar la reflexión e introspección que ayude a una transformación interna en búsqueda de la armonía, lo espiritual y la trascendencia. La Arquitectura debe generar Poética del Habitar. El espacio arquitectónico generado desde el proceso creativo debe ir más allá de sus tres dimensiones físicas, debe incluir al tiempo e ir más allá de sus fronteras. La experiencia que el individuo tiene de un espacio trasciende las dimensiones físicas, por eso no es suficiente con ellas para que un espacio se habitable más allá de un mero espacio genérico.

Teóricos de la arquitectura, como el arquitecto catalán Josep Muntañola, han desarrollado el tema de la Poética en la arquitectura a partir de posturas filosóficas como las de Aristóteles, Kant y Heidegger. El arquitecto plantea el concepto de la Topogénesis, el cual explica como la génesis de los lugares y de una arquitectura que no se limita a los efectos superficiales, sino que diseña en profundidad una *poética del habitar*, que él describe como aquella que atraviesa un laberinto entre la imaginación y la sensación. También analiza las distintas estrategias de invención de objetos arquitectónicos con capacidad poética a partir del creciente énfasis en ello en la posmodernidad que ha roto con los conceptos modernos de función y forma. Su análisis lo basa en descubrir en las estrategias de diseño de algunos arquitectos en sus obras, las distintas conexiones que la poética del objeto arquitectónico consigue establecer entre el *construir, habitar y pensar* de

Heidegger. Pare él la Poética representa los mitos y argumenta que la única manera de representarlos es reactivarlos, lo cual sólo lo logran resolver los artistas de una gran capacidad metafórica.

Muntañola propone que la calidad poética de un objeto está en su representación, acompañada por acciones, personajes, ideas y argumentos. En el caso de la arquitectura a lo anterior se tiene que sumar su función. El arquitecto o artista creativo que es capaz de transmitir una idea con la complejidad de coordinar función y forma podrá aspirar a la creación poética. Como en la literatura, la trama, la estructura de la obra, es lo que garantiza la calidad de la representación, en el momento que la arquitectura sea vivida por alguien. Un poeta es capaz de relacionar las complejidades necesarias en la obra, así lo hará un arquitecto al poetizar su proyecto. La experiencia estética será el fruto de la composición de esa complejidad.

## El Refugio de Heidegger

> *"El hombre ha experimentado mucho, nombrado a muchos celestes, desde que somos un diálogo y podemos oír unos de otros."*
> (Hölderlin, IV, 343)

En la conferencia antes mencionada de 1951, Heidegger describió su refugio, la cabaña que habitaba en Todtnauberg, en la Selva Negra alemana. En ella y en su entorno natural, el pensador encontraba las condiciones necesarias de paz y tranquilidad para trabajar, como en 1926 cuando terminó ahí de escribir "Ser y tiempo". Es una casa rural de hace aproximadamente dos siglos atrás, rodeada de la naturaleza propia de la región. Heidegger va narrando como la casa está diseñada para estar en total armonía con su contexto natural, y por lo tanto con la Cuaternidad: "…la casa en la ladera de la montaña que está a resguardo del viento, entre las praderas, en la cercanía de la fuente. Le ha dejado el tejado de tejas de gran alero, que con la condición adecuada, sostiene el peso de la nieve, y llegando hasta muy abajo, protege las habitaciones contra las tormentas de las largas noches de invierno. No ha olvidado el rincón para la imagen de nuestro Señor, detrás de la mesa comunitaria; ha aviado en la habitación los lugares sagrados para el nacimiento y el árbol de la muerte, que así es como se llama allí el ataúd…."[11].

Nos describe una casa para la Cuaternidad, donde el adaptarse a su entorno es adaptarse a la Tierra y el Cielo, dónde el rincón para lo divino deja entrar el resplandor del *Ser Absoluto* y la conexión espiritual, y dónde también se ha pensado el espacio para nacer, vivir y morir, en esta existencia finita del Dasein. El sujeto que habita una casa, también la va construyendo al habitarla. "La casa de Heidegger es la manifestación de los conflictos existenciales con el tiempo, lo que simplificando hemos denominado nostalgia, el producto de una idealización de la densidad y firmeza del pasado frente a la banalidad del presente" [12]. El refugio de Heidegger ejemplifica su pensamiento, es ejemplo del espacio que propicia el *habitar*, el *construir*, de la *nostalgia* del ser humano que invita a la introspección, y todo ello se traduce en *Poesía*.

## Conclusiones: ejemplos de Poética Arquitectónica

*"Mediante mis obras no intento querer producir emociones, sino dejar que las emociones se expandan."*
(Peter Zumthor, 2010)

La Poética Arquitectónica por supuesto no se limita a espacios para vivienda o religiosos debe extenderse a cualquier género, escala, función, rango económico, cultural y temporal. La idea se ha desarrollado a lo largo de la historia de la arquitectura, y después de las reflexiones de Heidegger. Se Poetiza a la arquitectura desde el proceso de análisis y diseño que requiere. El arquitecto se transforma en poeta cuando trabaja para crear espacios para el bienestar humano físico, mental y espiritual. Pueden existir varias estrategias para conseguir plasmar poesía en el objeto resultante del proceso creativo, pero es sólo hasta que el individuo que la usa la experimenta cuando el ciclo poético se consuma.

La experiencia del espacio arquitectónico debe conmover y provocar al alma humana, no importando la temporalidad cuantitativa de esta. Ya sea una experiencia momentánea o cotidiana de habitar, la arquitectura tiene que propiciar instantes poéticos en la vida del hombre. El instante poético es aquel momento complejo, que conmueve, prueba, invita, consuela, es sorprendente, familiar y trasciende el tiempo. Y según Gastón Bachelard se crea cuando el poeta la razón y la pasión como una relación armónica entre dos opuestos [13]. Y para ello se puede partir de la base de los conceptos de Heidegger sobre la Poesía, el habitar, el construir y el Ser en el mundo. A continuación se proponen algunos ejemplos de Poética Arquitectónica, donde sus autores han sabido llegar al alma humana desde su propia reflexión e introspección sobre su idea del mundo y de los efectos que sus espacios pueden crear en la vida de los seres humanos.

**Capilla Notre Dame du Haut, Ronchamp, Francia (1951- 1955)**
Obra del arquitecto Le Corbusier, su análisis debe partir desde el recorrido que se hace para llegar a su emplazamiento, en lo alto de una montaña. Ese recorrido permite ir descubriendo el entorno natural que envuelve a la obra, para después dejarla por completo. El diseño de Le Corbusier partió de un estudio histórico-geográfico del lugar, y de sus experiencias previas y de su admiración por lugares como la Acrópolis griega e incluso analogías con la Villa de Adriano en Tívoli, de donde se basó para el diseño de iluminación. Se proyectó un recorrido, donde los mismos elementos nos van llevando a girar junto con el edificio para ir apreciando distintas perspectivas del mismo.

Esta es una estrategia utilizada por Le Corbusier en otras obras, creando esta expectativa antes de entrar al corazón del edificio, que en este caso es el interior de la Capilla de los Peregrinos. El arquitecto interpretó el contexto natural y geográfico para dar forma a la capilla, tomo en cuenta su emplazamiento y la vista que tendría desde lejos. Sus curvas están inspiradas en la silueta de las montañas. La orientación para el diseño de la luz fue cuidadosamente estudiada. Sus fachadas norte y oeste, cóncavas y cerradas envuelven el espacio interior; la sur y este convexas reciben por entero a la luz. Así logra los efectos de contraste entre luz y sombra que se expanden en el espacio interior que envuelve a quien lo vive dentro de un aire místico.

En este proyecto Le Corbusier pensó en analogías a la naturaleza para dar forma a la capilla, como lo fue el caparazón de un cangrejo, pero esto a su vez propició una búsqueda no sólo formal sino de una nueva solución estructural para la cubierta del edificio. De la complejidad del diseño del arquitecto, que entre otros aspectos incluyó una serie de ajustes ópticos para dar efectos como el que al interior no se lea exactamente la forma externa, está la metáfora al cosmos absolutamente poética. "Internamente, el techo, cayendo en curva, parece que flotara, ayudado por la cinta de luz entre este y la pared. Al fondo, la imagen de la virgen aparece iluminada y flotando en un cielo estrellado, el cual en forma curva, apunta al infinito. Una franja vertical de luz, la tercera entrada, establece la correspondencia interior-exterior, por el doble uso del altar y además apunta al este. Y a ese mismo lugar, y no hacia el altar como las iglesias tradicionales, apuntan los bancos... es la metáfora del más allá a donde nos dirigimos y que es al mismo tiempo origen y fin de las cosas" [14]. Esta obra reúne al arte en armonía con la naturaleza y permite ese acercamiento al *Ser Absoluto*, a lo divino en su recorrido y vivencia del espacio es un poema de luz que conecta con lo espiritual.

**Capilla Campestre Brother Klaus, Alemania (2007)**
Esta capilla dedicada al Santo Nicholas von der Flüe conocido como Brother Klaus en Alemania es producto de la donación dos granjeros y es de la autoría del arquitecto Peter Zumthor. Esta capilla pretende la discreción y serenidad, y el recorrido austero y sutil desde su contexto campestre al interior. Está formada de una estructura de 12 metros de altura que tiene como acceso una puerta metálica triangular que es casi una hendidura en el volumen. Al exterior es un prisma rectangular, sin embargo, al interior el espacio es irregular, modelado como resultado de su técnica constructiva. Existe una entrada de luz superior que es una ventana en forma circular, la cual también permite la entrada de la lluvia. Además de contar con otras perforaciones en todas las caras para posibilitar otros juegos de luz.

Zumthor tiene la capacidad poética de manejar las distintas complejidades del objeto arquitectónico, como la tecnología aplicada a la construcción, la experimentación de materiales y la sutileza de efectos que crea en el espacio, en este caso el manejo de la luz al interior y el matiz sublime de permitir a la lluvia entrar y resbalar por la textura de los muros. En este proyecto involucró mano de obra local, a los granjeros y sus conocidos. Para su construcción se utilizaron 112 troncos de árbol dispuestos en forma de cabaña que a su vez fueron revestidos por varias capas de concreto, en una técnica llamada "concreto enramado". Estas capas de concreto se lograron virtiendo diariamente el material sobre los troncos de madera. El proceso duró 24 días, dando como resultado una textura similar a la tierra enramada y obteniendo paneles que actúan como aislantes térmicos para proteger del clima exterior. Al final se quemó la madera al interior para dejar únicamente la estructura de concreto. Este proceso fue realizado por minero utilizando el mismo sistema para hacer carbón, dejando el interior carbonizado. El piso de la capilla fue cubierto con plomo fundido en sitio, y con ello se ubicó una escultura.

Peter Zumthor es un arquitecto cuya trayectoria también está en constante relación con su reflexión personal: "En mi juventud me imaginaba que la *poesía* era una especie de nube de color de metáforas y alusiones más o menos difusas, de la que, en determinadas circunstancias, se podía gozar, pero que se hacía difícil conectarla con una visión vinculante del mundo. Como arquitecto, he aprendido a entender que probablemente se acerca más a la verdad lo contrario a esta idea juvenil. Una obra arquitectónica puede disponer de calidades artísticas si sus variadas formas y contenidos confluyen en una fuerte atmósfera capaz de *conmovernos*. Este arte no tiene nada que ver con configuraciones interesantes o con la originalidad. Trata sobre la visión interior, la comprensión y, sobre todo, la *verdad*" [15] Sus conclusiones coinciden con las de la Poética Arquitectónica que llega a la conmoción del alma humana que se han mencionado antes.

En otro de sus ensayos también medita sobre el pensamiento de Heidegger: "El concepto del *habitar*, entendido tan ampliamente como lo hace Heidegger, un vivir y un pensar lugares y espacios, encierra una indicación precisa de aquello que para mí, como arquitecto significa la realidad. La realidad de las teorías desprendidas de las cosas no es la que me interesa, sino que es la realidad de la tarea constructiva concreta, cuya finalidad es ese habitar hacia la que quiero dirigir mi fantasía. La realidad de la arquitectura es lo concreto, lo convertido en forma, masa y espacio, su cuerpo. No hay ninguna idea fuera de las cosas" [16].

Con esto también se puede apreciar la influencia de las ideas del filósofo alemán, las cuales aún repercuten en el pensamiento de los hacedores de la arquitectura contemporánea.

### Sobre la poética en la obra de Barragán

> *"Mi casa es mi refugio, una pieza emocional de arquitectura, no una pieza fría de conveniencia. Creo en una arquitectura emocional…si hay varias soluciones técnicas a un problema, la que le transmite al usuario un mensaje de belleza y emoción, eso es arquitectura. Una obra de arquitectura que no expresa serenidad no cumple con su misión espiritual…"*
> (Luis Barragán, 2000)

Por último me gustaría hacer una breve reflexión sobre la arquitectura del arquitecto mexicano Luis Barragán (1902-1988). Esto con el afán de aclarar que no sólo los proyectos de género ritual o religioso como los antes mencionados alcanzan cualidades poéticas. Si bien Barragán también diseñó una capilla que nos incita a la conexión con lo divino, como lo es la que se halla en el Convento de la Capuchinas en la Ciudad de México, es palpable su poética en obras que diseñó para otros géneros y funciones. Tanto que se le ha denominado arquitectura emocional. Barragán desarrolló su estilo y pensamiento desde las memorias de su infancia y juventud en el rancho de su padre, sus experiencias de vida hasta los anhelos de su imaginario influenciado por filósofos, santos, artistas y escritores. Su biblioteca estaba plagada de obras de personajes como San Francisco de Asís, Marcel Proust, Séneca, Pascal, Baudelaire, Unamuno, Claudel, García Lorca o Carlos Pellicer.

La intensidad y profundidad de Luis Barragán queda plasmada en su arquitectura. El origen de ello debe partir de sus mitos, filosofía, valores, influencias y motivaciones, que juntas en su interior se expresaban al exterior poéticamente, incluso en sus palabras, las cuales podemos leer en algunos textos donde se manifiestan sus reflexiones: "La belleza es una forma del genio; más alta en verdad, que el genio, pues no necesita explicación. Es una de las grandes realidades del mundo, como el sol o la primavera, o el reflejo en el agua oscura de esa concha de plata que llamamos luna. A la belleza el tiempo no la puede dañar. Las filosofías se derrumban como arena; pero lo que es bello es un goce para todas las estaciones, una posesión para la eternidad…" [17]. Pensador profundo, a solas con su alma y la realidad de las cosas, el arquitecto meditaba en su interior. En una entrevista que le hizo Elena Poniatwska a Luis Barragán en 1976, le preguntó por qué lo comparaban con el pintor italiano De Chirico, a lo que él responde: "por las terrazas y los patios de una gran soledad" [18]. Pero la suya es una soledad que no raya en la tristeza, tal vez evoque *nostalgia,* pero a su vez es cálida, de experiencia interna en búsqueda de la serenidad.

Creador de varios proyectos, sobre todo los de su madurez alcanzan la calidad poética. Jay A. Pritker calificó su trabajo como "un acto sublime de la imaginación poética". Barragán fue un poeta del paisaje y de la luz, incorporaba la vegetación y los claro oscuros en sus espacios, y el agua era otro elemento presente para reflejar, para crear sonido, para despertar todos los sentidos. Su estrategia era la capacidad de plasmar su sensibilidad en el objeto arquitectónico. Obras como el Pedregal, Las Arboledas, la Casa Gilardi, el Convento de Capuchinas, la Casa Ortega y su propia Casa en Tacubaya nos regalan al experimentarlas la provocación interna, conmueven al alma. Crean *Poética del habitar,* del recorrer, del contemplar, del vivir, aún hoy si nos dejamos envolver por la serenidad de sus espacios. Sin importar su género o su función, esta Arquitectura nos transmite desde el exterior y por los sentidos la interiorizamos y nos emociona. Son lugares donde cabe la Cuaternidad de Heidegger, pues podemos sentir la conexión entre nuestra finitud, la Tierra, el Cielo y lo Divino, lugares donde puede estar el *ser en el mundo* e inspirarse. Por eso ha trascendido la obra de este arquitecto, por su capacidad de Poetizar al mundo a través de la Arquitectura.

**Notas**
1 Heidegger, "Martin; Arte y Poesía", México: FCE, 2006, p. 96.
2 Bachelard, Gastón, "El Derecho de Soñar", España: FCE, 1970, p. 226.
3 Heidegger, *op. cit.*, p. 82.
4 Heidegger, *op. cit.*, p.107.
5 Heidegger, *op. cit.*, pp. 107,108
6 Heidegger, Martin, "¿Y para qué poetas?" Fragmento del libro: Caminos del Bosque. Recuperado de: http://www.olimon.org/uan/heideggery_para_que_poetas.pdf. Consulta electrónica: diciembre 3, 20112, p.2.
7 Heidegger, Martin, "Construir, Habitar, Pensar", Traducción de Eustaquio Barjau, España: Conferencias y artículos Serbal,1994, p. 3
8 Heidegger, *op. cit.*, p. 4
9 Ábalos, Iñaki, "La buena vida", España: G. Gili, 2001, p. 49.
10 Muntañola, Josep, "Topogénesis. Fundamentos de una nueva arquitectura", España: Ediciones UPC, 2000, p. 11.
11 Ábalos, *op. cit.*, p.49.
12 Ábalos, *op. cit.*, p.50.
13 Bachelard, Gastón, "El Derecho de Soñar", España: FCE, 1985, pp. 227-228.
14 Muntañola, Josep; Khôra, "Arquitectura y Cultura: Nuevos Paradigmas", España: Ediciones UPC 1988, p. 124.
15 Zumthor, Peter, "Pensar la Arquitectura", España: G. Gili, 2010, p. 19.
16 Zumthor, *op. cit.*, pp. 36,37.
17 Riggen, Antonio, "Luis Barragán. Escritos y Conversaciones", Madrid: El Croquis, 2000, p.41.1955: Reflexiones sobre los temas: la belleza, el artista, la realidad y el arte, a partir de la realidad de Oscar Wilde.
18 Ídem. Extracto de *Luis Barragán. Entrevista* por Elena Poniatowska. México, 2000, p.119.

**Bibliografía**
Ábalos, Iñaki, "La buena vida", España: G. Gili, 2001.
Bachelard, Gastón, "El Derecho de Soñar", España: FCE, 1970.
_____, "El Derecho de Soñar", España: FCE, 1985.
Heidegger, "Martin; Arte y Poesía", México: FCE, 2006.
_____, "¿Y para qué poetas?" Fragmento del libro: Caminos del Bosque. Recuperado de: http://www.olimon.org/uan/heideggery_para_que_poetas.pdf. Consulta electrónica: diciembre 3, 20112.
_____, "Construir, Habitar, Pensar", Traducción de Eustaquio Barjau, España: Conferencias y artículos Serbal, 1994.
Muntañola, Josep, "Topogénesis. Fundamentos de una nueva arquitectura", España: Ediciones UPC, 2000.
Muntañola, Josep; Khôra, "Arquitectura y Cultura: Nuevos Paradigmas", España: Ediciones UPC 1988.
Riggen, Antonio, "Luis Barragán. Escritos y Conversaciones", Madrid: El Croquis, 2000.
Zumthor, Peter, "Pensar la Arquitectura", España: G. Gili, 2010.

92

# La arquitectura subterránea
## Una imagen poética del espacio interior

JOSÉ CARLOS MARTÍN GALLARDO ULLOA

Analizar la arquitectura subterránea a través de Gastón Bachelard y la Poética del espacio, es aproximarse fenomenológicamente a los valores esenciales brindados en este espacio protegido con y en la tierra. Las diversas imágenes poéticas que en el espacio subterráneo se producen, se convierten al experimentarse, en un juego dialéctico y elocuente de sentimientos y ensoñaciones, que no se viven tan intensamente en la arquitectura convencional de la superficie. Se conjugan en estos espacios enterrados, valores ontológicos del habitar del hombre, un sentido primigenio de la casa, la caverna, donde el ser humano busca el refugio natural en la misma naturaleza, exaltándose diversas sensaciones y emociones. Existe en esta arquitectura, una fuerte dialéctica entre el espacio interior y el exterior, o como dice Bachelard, en lo de dentro y lo de fuera, encontrando matices no necesariamente contrapuestos, una transformación cualitativa del espacio que involucra conexiones y delimitaciones graduales.

    El carácter simbólico de lo enterrado, nos conduce también a un sentido de encuentro y de génesis de toda vida, la fuerza metafísica de sus valores transmite al hombre un mundo mágico y de misterio, siendo su experiencia fenomenológica un despertar y descubrir constante. Asimismo, el espacio subterráneo expresa valores espaciales ontológicos de refugio, protección y defensa, encontrados por Bachelard en su imagen fenomenológica de la concha, los cuales han estado presentes desde la antigüedad y que actualmente son valores que sustentan la elección de este tipo de hábitat. Las diferencias presentes entre los espacios interior y exterior en la arquitectura han sido siempre motivo de controversia y polémica. En el sentido estrictamente formal y geométrico, esta dialéctica se enfrenta en una oposición ontológica. Bachelard nos dice, "desde el punto de vista de las expresiones geométricas, la dialéctica de lo de fuera y de lo de dentro, se apoya sobre un geometrismo reforzado donde los límites son barreras" [1].

En apariencia la arquitectura subterránea, estas barreras geométricas son evidentemente poderosas, pero la experiencia y caso existentes comprueban que no es necesariamente así, muchas veces la geometría es un arma que conlleva a una integración y conversación mucho más franca entre el interior y el exterior, que no se da en algunas arquitecturas de la superficie. El punto de encuentro entre un exterior y un interior es el acceso, y en él se pueden realizar experiencias e imágenes poéticas de diversa índole, un acceso no es siempre expresión de lo cerrado y lo abierto, permite también una secuencia espacial, donde el sentido de lo exterior y lo interior se va perdiendo o se va transformando, un verdadera metamorfosis del ingreso hacia dentro. Bachelard dice, "la puerta es todo un cosmos de lo entreabierto" [2].

En la arquitectura subterránea, podemos encontrar desde civilizaciones muy antiguas hasta las actuales, una variedad tipológica espacial y de relación entre el interior y el exterior. Existen casos de lo tajante, lo contrapuesto, donde el exterior termina, comienza el interior. También existen espacios intermedios y la experiencia espacial de ingreso es tamizada y fluyente, a través de patios o rampas. Uno va ingresando a lo subterráneo sin darse cuenta de ello, aunque se está descendiendo del nivel superficial, aún se puede sentir el firmamento cubriendo nuestro espacio. La contraposición de valores espaciales de un exterior y un interior enterrado, no está siempre regido a criterios contrapuestos de grandeza y pequeñez o de infinitud y finitud. Poéticamente, los valores asociados a lo exterior también los puede poseer un interior de alguna manera, "... la miniatura (o lo enterrado) sabe almacenar grandeza. Es vasta a su modo" [3].

El carácter interno del espacio subterráneo posee dimensiones y valoraciones estéticas particulares. La mezcla de nuevas sensaciones involucradas en la experiencia fenomenológica del espacio subterráneo ejercen variedad de reacciones en el hombre, las cuales no son negativas, y pueden ser en muchos casos, muy positivas y estimulantes. Asimismo, el espacio externo de esta arquitectura, nos brinda una imagen poética de gran relación con la naturaleza y el paisaje. La conformación del paisaje por la mano del hombre, propicia una integración mucho más intensa, una vuelta a su origen, donde no se crea para destruir, sino para construir un entorno, un ambiente, un hábitat; procurar de esta manera un verdadero habitar en él. El exterior deja de ser infinito e inalcanzable, para convertirse en un medio tangible, una extensión del interior, un lugar para coexistir con la naturaleza. En este caso, la arquitectura subterránea no es sólo un ocultarse de, sino u protegerse para. Una dotación en una sola obra arquitectónica de una multiplicidad de opciones de vivencia, de experiencia del espacio arquitectónico. El exterior no es ya el enemigo, como en algunas situaciones de clima agreste, es ahora también, la arquitectura producto de necesidades psíquicas de vivir más intensamente su hábitat.

Gastón Bachelard, en su búsqueda poética del espacio interior, refiere a los valores encontrados en la imagen poética de la concha y esos conceptos son concordantes a los ofrecidos por la arquitectura subterránea, en su espacialidad interior y relación con el exterior. El crecimiento espiral de dentro hacia fuera es una cualidad esencial de estos moluscos, que se compara con la ontogénica formación espacial de la arquitectura subterránea. La secuencia y configuración espacial interior subterránea, está esencialmente planteada desde un excavar el interior y buscar el exterior. Es la conexión de dos mundos opuestos ontológicamente, que quieren encontrarse y coexistir.

En este concepto, la concha de Bachelard, refiere a una salida, una dialéctica del surgimiento, nos dice, "todo es dialéctica en el ser que surge de una concha y como no surge todo entero, lo que sale contradice a lo que queda encerrado. Lo posterior del ser queda encarcelado en formas geométricas sólidas" [4]. En estos conceptos y valores de la concha, y el surgimiento y salida del molusco que lleva dentro, nos hace pensar que en la arquitectura subterránea existe también una perenne dualidad espacial y experiencial, que conecta el interior excavado con la superficie, una permanente dialéctica de un despertar, de un volver a ser lo que se ha sido. El espacio interior enterrado se convierte en el opuesto del espacio libre exterior, en el negativo del volumen saliente en la superficie.

Bachelard dice, "el ser que se esconde, el ser que se centra en su concha, prepara una salida... las evasiones más dinámicas se efectúan a partir del ser comprimido" [5]. Asimismo, en la energía de la salida del dicho molusco, nos aclara las imágenes subterráneas envueltas en una energía visual conteniendo una dialéctica de lo oculto y lo manifiesto, lo encadenado y lo libre, lo pequeño y lo infinito. Esta oposición es mucho más clara y poderosa en este tipo de arquitectura. El crear ensoñaciones en una concha, nos transporta a la esencia de ésta como origen de la vida. La tierra como analogía de lo anterior, es el medio principal de fecundidad y de despertar a un mundo nuevo. Desde la antigüedad y en diversos pueblos del mundo, se ha tomado a la tierra como símbolo de la vida, la gestora de ella, la cavidad y fase de nacimiento a otra vida no terrenal, una relación dialéctica cosmológica del encierro y libertad, o de lo dormido y lo despierto.

Tierra, devuélveme tus dones puros
las torres del silencio que subieron
de la solemnidad de sus raíces:
quiero volver a ser lo que no he sido,
aprender a volver desde tan hondo
que entre todas las cosas naturales
pueda vivir o no vivir: no importa
ser una piedra más, la piedra oscura,
la piedra dura que se lleva el río.

(Pablo Neruda, Tierra)

Asimismo, Bachelard, nos conduce por los pasajes poéticos de la concha, como valor esencial del hábitat humano, el valor ontológico del refugio. En este refugio o casa-concha, como él lo llama, permite encontrar también en los orígenes del espacio subterráneo, el valor esencial de la casa natural, la búsqueda de abrigo y protección, así como de encierro y tranquilidad, en donde la soledad es acrecentada por la completa configuración del espacio envolvente, y donde habitar la oquedad terrestre permite encontrarse con uno mismo en privacidad, aislamiento y reposo. "Habitar solo ¡gran sueño! la imagen más inerte, la más físicamente absurda, como la de vivir en la concha, puede servir de germen a un tal sueño" [6].

Otro valor concordante y análogo a lo dicho por Bachelard en su Poética del espacio, con respecto a la arquitectura subterránea, es el sentido de protección que la concha contiene frente a un exterior agresivo, procurando una defensa a toda amenaza. En lo subterráneo, existe también el criterio de defensa como esencia del resguardo de la tierra. Este elemento natural propicia una protección climática singular y poderosa por su inercia térmica, aunque también ese sentido de ocultación bajo la oquedad terrestre, permite defensas de otra índole como de guerras, plagas, etc. El espacio interior subterráneo se convierte pues, en la propia concha que defiende lo que está dentro de la amenaza de lo que está afuera, una ensoñación de protección. Bachelard también incluye en sus reflexiones, imágenes poéticas del espacio gruta concha. En él se vierten ensoñaciones de misterio, miedo, peligro, etc., producto de la experiencia de su ingreso y asomo. En la arquitectura subterránea, se evidencia este carácter elocuentemente.

El miedo el misterio es parte integrante de la experiencia de encontrarse con una oquedad terrestre, una ocultación de lo que esta visible, una imagen de lo oscuro y lo desconocido. Leonardo da Vinci en su reflexión sobre la caverna nos dice: Y arrastrado por un ardiente deseo, e impaciente por ver la gran cantidad de formas diversas y raras creadas por la habilidad de la naturaleza, estuve un buen rato dando vueltas entre las sombrías rocas, hasta que me encontré en la boca de una caverna ante la que me quedé un tanto confuso, pues ignoraba de que pudiera tratarse, y allí permanecí con la cintura arqueada, la mano izquierda apoyada en la rodilla y la derecha a modo de pantalla ante las fruncidas cejas. Y volviéndome varias veces a uno y otro lado para ver si allá adentro podía vislumbrar algo, lo que me impedía la grande oscuridad que allá dentro reinaba. Estuve algún tiempo hasta que de pronto surgieron dos cosas a la vez: temor y deseo; temor por lo amenazador y oscuro de la gruta, y deseo de ver si allá dentro había alguna cosa maravillosa.

Bachelard, hace referencia explícita a la subterraneidad del espacio en la arquitectura, y brinda ensoñaciones de misterio y miedo, "la gruta-concha es aquí una ciudad fortaleza para un hombre solo, para un gran solitario que sabe defenderse y protegerse con simples imágenes. No hacen falta barreras ni puertas de hierro: dará miedo entrar..." [7]. Todas estas emociones son experimentadas en este tipo de arquitectura. La aventura de vivir distintos espacios y producir distintas sensaciones, hace de su experiencia una opción verdaderamente viable e interesante. La arquitectura subterránea por tanto, se encuentra en una posición bastante expectante en este presente de tecnología avanzada, como si el hombre llegase después de tanto andar al punto de partida y como si sintiese que la esencia de las cosas están realmente en donde comenzaron, pues comenzaron natural y sinceramente.

Déjame un subterráneo,
un laberinto donde acudir después,
cuando sin ojos, sin tacto,
en el vacío quiera volver a ser
o piedra muda o mano de la sombra.
Yo se, no puedes tú, nadie, ni nada,
otorgarme este sitio, este camino,
pero, que haré de mis pobres pasiones
si no sirvieron en la superficie
de la vida evidente
y si no busco, yo, sobrevivir,
sino sobremorir, participar
de una estación metálica y dormida
de orígenes ardientes.

(Pablo Neruda, 1975, p. 36)

**Notas**
1. Bachelard, Gastón, "La poética del espacio", México: FCE, 1975, p.254
2. Bachelard, *op. cit.*, p. 261
3. Bachelard, *op. cit.*, p. 254
4. Bachelard, *op. cit.*, p. 143
5. Bachelard, *op. cit.*, pp.146-147
6. Bachelard, *op. cit.*, p. 159
7. Bachelard, *op. cit.*, p.167

**Bibliografía**
Bachelard, Gastón, "La poética del espacio", México: FCE, 1975.
Neruda Pablo, "Antología esencial", Buenos Aires: Losada, 1975.

100

# La poética espacial en el gótico

MARÍA ELENA HERNÁNDEZ ÁLVAREZ

Según Heidegger, y otros autores, todo arte en esencia es poesía y a ella deben reducirse entonces la arquitectura, la escultura, la música; por esto validamos y comprenderemos aquí el espacio arquitectónico gótico como un poema espacial, y al edificador del edificio gótico, en este caso uno colectivo y comunitario, como el poeta. Retomando algunas de las ideas de Worringer, se plantea que para comprender la poética del espacio arquitectónico es necesario considerar que la imaginación poética sólo se comprende desde la intuición del presente de la imagen, es decir, desde el impacto subjetivo al que se somete la persona en el instante mismo de la novedad, de la lectura, de la experiencia primigenia del habitar.

La imagen poética espacial gótica surge en la conciencia como un producto directo del corazón, del alma, del ser del artista captado en su actualidad. Así, el espacio arquitectónico gótico se entiende aquí como un poema enciclopédico vivo, eternamente presente. El poeta gótico no fue una sola persona; ya hemos visto que en el medievo la identidad de los artistas no era conocida y de hecho era lo menos importante [1]. El poeta gótico es todo un pueblo, todas esas generaciones tras un ideal. Al comprender el espacio arquitectónico gótico como una poesía, podremos compenetrarnos con el espíritu que concibió y edificó el edificio gótico. Al respecto dice Gaston Bachelard: La poesía es un alma inaugurando una forma, el alma inaugura, es aquí potencia primera; es dignidad humana. El alma viene a inaugurar la forma (en este caso la arquitectónica), a habitarla, a complacerse en ella, a morir en ella [2].

En términos bachelardianos, el alma lectora de ese poema gótico, es decir, de la experiencia espacial gótica, vitaliza el ser "poetas-arquitectos-escultores góticos" y con ello borra también las barreras del tiempo y del espacio; comprende al "poeta-arquitecto" y sabe que las "páginas" (espacios) *le conciernen*, de tal suerte que parece que el goce de habitar el espacio gótico sea el reflejo de escribir, es decir, de construir una catedral gótica. Tal pareciera que este lector o habitador de los espacios góticos de todos los tiempos participa en el mismo júbilo de creación que Bergson da como signo de creación misma [3].

### La inmensidad íntima del *Gótico*

Para Bachelard, la inmensidad es una categoría del ensueño en donde el mundo se percibe grande y a la vez profundo como el mar [4]. El ensueño por inclinación innata contempla la grandeza y determina un estado del alma que pone al ensoñador fuera del mundo próximo y ante uno que lleva el signo del infinito. Tanto el abad Suger como Bernardo de Claraval muy probablemente ensoñaron e imaginaron esta grandeza para sus espacios religiosos, es decir, lugares en los que el alma humana contemplara el infinito y la profundidad de Dios, en los que el hombre huyera de todo objeto o circunstancia terrenal para estar en lo que algunos llaman la "inmensidad de Dios".

Ahora bien, la inmensidad es una categoría en nosotros mismos, adherida a una especie de expansión del ser que desafortunadamente la cotidianeidad de la vida y la prudencia reprimen. Según Bachelard, la inmensidad interior es la que da su verdadero significado a, por ejemplo, la inmensidad del océano, de un bosque, del milagro de un nido, de una catedral gótica. Toda esa inmensidad, todo ese infinito cabe en nuestra alma; Pierre Albert-Birot dice al respecto: "...y me hago de un plumazo, dueño del mundo, hombre ilimitado" [5]. La inmensidad del bosque, en un ejemplo, la entendemos cuando hablamos de su espacio infinitamente prolongado más allá del velo de sus troncos y de sus hojas, espacio velado para los ojos, pero transparente a la visión interior, bosque sagrado, inmensamente sagrado.

El concepto de inmensidad es tan ancestral como los recuerdos que se guardan en la intimidad de nuestro presente. En este contexto, la catedral gótica ha quedado presente por generaciones. Según Bachelard: En la catedral se casó mi abuela, y la abuela de mi abuela, y se bautizó mi tatarabuelo, y ese momento que yo no viví, está en mí presente en la catedral. Toda esa constelación de momentos vivos están en mí; ¿y qué, el instante es verdaderamente la eternidad? ¿La eternidad es verdaderamente el instante? [6].

Aquí se lee la inmensidad íntima como tema poético inagotable. Para Baudelaire …la inmensidad es una dimensión íntima, es una de esas impresiones felices que casi todos los hombres imaginativos han conocido gracias a los sueños, mientras dormían, es sentirse liberado de los lazos de la gravedad, preso de una amplia luz difusa… en la inmensidad, sin más decorado que ella misma [7]. La grandeza progresa en la medida en que la intimidad se profundiza. Cuando el ser humano vive la inmensidad se ve liberado de sus preocupaciones, de su cotidianeidad; ya no es prisionero de su propio ser, ya habita en sí mismo, en su inmensidad íntima.

La intimidad es el rincón del alma en el que cada yo singular, único e irrepetible se protege, secreto, para sí.

> La intimidad es como el lado oculto de la luna,
> es invisible desde fuera;
> la intimidad, desde la exterioridad, es apenas una sospecha,
> misteriosa pero fascinante.
> Se esconde en el fondo de la vida interior,
> sin embargo, es transparente,
> en ella habita el alma y es puente y vínculo con la eternidad.
> Lo íntimo es todo aquello que le acontece a un individuo
> que lo vive como algo profundo,
> que le atañe, lo marca, le incide, le importa, lo compromete,
> le concierne.
> Lo íntimo es un tesoro escondido.
> Lo íntimo jamás es indiferente, sino por el contrario,
> se padece o se goza intensamente, en secreto.
> Lo íntimo se acurruca en el espacio de un nido protector
> edificado en lo más recóndito del yo.
> Es el oído que escucha las resonancias universales.
> Es ese rincón del espíritu en el que cabe la totalidad.
> Es el punto vital en que se recibe la exterioridad exterior,
> transmutada en exterioridad vivida, esto es,
> en interioridad recogida.
> En la intimidad es en donde se siente la más sublime
> desmesura,

el absoluto despojamiento
en el que se gana la más pura pobreza de espíritu,
el desierto interior.
En la intimidad está la vibración cósmica eterna,
en cuyo aletear se sostiene anonadada el alma, suspendida,
temblando al unísono en la armonía universal [8].

### La catedral gótica como la casa universal

La catedral gótica es también la casa universal que expresa y cobija de manera enciclopédica a la comunidad que la creó. Para entender la idea de "casa" acudimos de nuevo a Gaston Bachelard, quien nos dice que frente a la hostilidad y las formas de la tempestad, los valores de protección y de resistencia de la casa se trasponen en valores humanos. La casa es un instrumento para enfrentar y dialogar con el cosmos. En la casa habita el ser humano, lo remodela, lo protege; en ella el hombre gesta sus amores. La casa se convierte en su refugio y a la vez en fortaleza; la casa es espacio de consuelo, de intimidad. La casa es, literalmente, la madre; y como ella, la casa acoge, protege, resiste la adversidad externa.

Esta morada, por lo tanto, también es educadora. Frente a la hostilidad, la casa adquiere las energías físicas y morales de una madre amorosa, acogedora, fuerte. La casa es un baluarte de valor para el hijo que en ella habita y donde aprenderá también a vencer el miedo. La casa, ante la tempestad, se estrechó contra mí como una loba, y por momentos sentía su aroma descender maternalmente hasta mi corazón, aquella noche fue en verdad mi madre. Sólo la tuve a ella para guardarme y sostenerme, estábamos solos [9].

La catedral gótica es la gran Casa Universal en la que todos los hijos de Dios son acogidos, protegidos, remodelados y conducidos hacia un mismo fin. La catedral defiende también del mal; las gárgolas monstruosas, estratégicamente ubicadas en las esquinas de la catedral, son como los soldados protectores que atacaban y defendían del mal el espacio interior catedralicio. La casa gótica conquista también su parte del cielo, y de hecho tiene a todo el cielo por terraza. Es desde ella que se llegará a la dulce promesa de la vida eterna. Es en esta casa gótica, al igual que la materna en donde el ser humano se siente eternamente protegido, en donde nunca envejecerá porque en ella siempre será hijo. La casa es nuestro rincón del mundo, es nuestro primer universo, nuestro cosmos. La calidad primitiva de la casa pertenece a todos, ricos y pobres, y esta calidad está en la catedral gótica.

La casa es también un estado del alma que, aun reproducida en su aspecto exterior, nos habla de intimidad, de una intimidad a la que hay que propiciarle todos los cuidados. Asistir a los oficios religiosos, acompañar los entierros, formar parte del alegre cortejo de fiestas populares, involucrarse en las asambleas políticas bajo la presidencia del obispo, discutir dentro de la catedral el precio del grano y del ganado, establecer la cotización de los paños, acudir a ella a buscar consuelo, pedir consejo e implorar perdón, bendecir la nueva empresa o corporación de trabajo, acudir a la tradicional *kermesse*, a la fiesta de los locos con su carro del triunfo de Baco, todo esto y más acontece en el espacio de la Casa Universal gótica. La catedral fue ciudad dentro de la ciudad, núcleo intelectual y moral de la colectividad, corazón de la actividad pública, apoteosis del pensamiento, del saber y del arte. La catedral fue también guardián secular del patrimonio ancestral, refugio hospitalario de todos los infortunios, en dos palabras, Casa Universal, madre que acoge, alegra, consuela a todos los hijos cristianos y aun a los paganos [10] porque también los alquimistas se reunían en ella todas las semanas el día de Saturno [11]. Es la casa de todos y por ello también el espacio de la intimidad comunitaria por excelencia, en el que todos son bienvenidos para formar una sola familia [12].

**Notas**
1. En el Renacimiento, como en la antigüedad clásica, se destacaba más la autoría de las obras de arte.
2. Bachelard Gaston, "La poética del espacio", México: FCE, 1975, p. 13.
3. Bachelard, *op. cit.*, p. 23.
4. Bachelard, *op. cit.*, p. 220.
5. *Ibid.*, p. 222.
6. Bachelard, *op. cit.*, p. 227.
7. *Ibid.*, p. 232.
8. Fragmento y parafraseo de ponencia, en María Noel Lapoujade (comp.), *Espacios imaginarios*, México, UNAM, 1998.
9. Bachelard, *op. cit.*, p. 77.
10. El principal enemigo de la Iglesia católica no eran los paganos, de hecho, ellos están presentes en la catedral en numerosos testimonios y en la mayoría de los casos eran considerados como católicos aún no conversos. El verdadero enemigo del catolicismo eran las asechanzas del demonio, las cuales tomaban forma en las diversas herejías; contra ellas estarán encaminadas todas las luchas del Papa en Roma. Las gárgolas en la catedral gótica son testimonio de esto. La Inquisición, en años posteriores, sería una poderosa herramienta de exterminio de todo aquello considerado como herejía.
11. Fulcanelli, "El misterio de las catedrales", Barcelona: Plaza y Janés Editores, 1993. p. 47.
12. Imaginemos la fantasía de los constructores de la catedral de Notre Dame de París: en sus 5955 m² construidos pueden estar cómodamente hasta nueve mil fieles. Milán cuenta con 11300 m2 techados que albergarían de sobra a toda la población de su tiempo.

**Bibliografía**
Bachelard, Gaston, "La poética del espacio", México: Fondo de Cultura Económica, Breviarios 183, 1975.
Fulcanelli, "El misterio de las catedrales", trad. de J. Ferrer Aleu, Barcelona: Plaza y Janés, 1993.

108

# La imagen poética
## Constructora de espacios reales y virtuales

MARGARITA LEÓN VEGA

Imagen, es "representación de un objeto", "figura real o irreal de un objeto". (Paz, 1982, p. 98 y ss.), o lo que es lo mismo, "similitud o signo de las cosas, que puede conservarse independientemente de las cosas mismas" N. Abbagnano, p.650). Aristóteles decía, en relación a la independencia de la imagen respecto de la realidad que refiere, que las imágenes son como las cosas sensibles mismas, excepto que no tienen materia. Así, podemos ver que la imagen se refiere tanto al producto de la imaginación como a la sensación o percepción misma, vista por parte de quien la recibe. La imagen tiene, entonces, un valor sicológico, pues las imágenes son productos imaginarios.

Cuando en el libro sagrado de los mayas, el Popol Vuh, se señala que en el principio de la humanidad "Todo estaba en silencio, inmóvil, vacía la extensión del cielo..."la imagen de la no imagen", la ausencia del sonido, el estatismo del vacío, la infinitud que conforman el espacio en el minuto previo a la Creación del mundo, ejercen un impacto muy fuerte en nuestra percepción, pues aluden a un espacio imaginario. Se trata de un relato mítico, el relato del origen de un pueblo [1].

Estas imágenes del Popol Vuh son representaciones que implican a su vez la invención del tiempo, el punto desde el cual se habrán de contabilizar las horas, los días y los años; el escenario donde se habrá de llevar a cabo el acontecer humano. Se trata de un tiempo y un espacio que como señala el mito, habrá de retornar en una espiral infinita. Figura ésta última en la que las circunvoluciones, marcan la circularidad del tiempo, su repetición en la eterna vuelta al origen para empezar de nuevo; pero también, la progresión constante de los actos humanos que implican también una evolución, un discurrir y que, por lo tanto, pertenecen al ámbito de la historia.

En la Biblia Cristiana, igual que en el libro maya, se señala que la palabra de Dios creó el mundo y al hombre, el orden del universo y con ello el tiempo (el antes y el después), el espacio (arriba, abajo, aquí, allá, acullá). El primer día, consigna el Génesis: "Dijo Dios: 'Sea la Luz' Y fue la luz. Vio Dios que la luz era buena, y separó la luz de las tinieblas. Llamó a la luz 'Día' y a las tinieblas llamó 'Noche'...Y fue la tarde y la mañana del primer día". El sexto día, dijo Dios "Hagamos al hombre a nuestra imagen, a nuestra semejanza" Y el séptimo día, "concluidos los cielos y la tierra y todo lo que hay en ellos... reposó de todo cuanto había hecho."

El relato de la creación del mundo en estas y otras tradiciones, apunta a dos problemas fundamentales: uno, trata de dilucidar el misterio de cómo fue que el hombre se convirtió en lo que es gracias al decir de Dios, gracias al poder del lenguaje; y dos, cómo el hombre mismo adquirió los poderes para crear. Diferenciado de los otros seres de la naturaleza, la capacidad creadora, transformadora sobre todo lo que existe tiene relación directa con el lenguaje, pues hecho a imagen y a semejanza de Dios, el verdadero poder del hombre está basado en la palabra misma.

Cuando José Gorostiza exclama "qué agua tan agua" en el poema *Muerte sin fin*, nos remite a la radicalidad del lenguaje cuando nombra, cerca y separa, singulariza y define, cuando cierra y al mismo tiempo abre su significado. El nombrar es consignar algo que en efecto existe, el agua, pero también es crear algo que no había antes: un contenido y un continente, un vaso y un agua que poseen ciertas cualidades: transparencia, ductibilidad, pureza y frescura que alcanzan niveles sublimes, eso es, soñados, deseados, ideales, o por el contrario, aniquiladores:

No obstante -oh paradoja- constreñida
Por el rigor del vaso que la aclara,
El agua toma forma.
En él se asienta, se ahonda y edifica,
Cumple una edad amarga de silencios
Y un reposo gentil de muerte niña
Sonriente, que desflora

Un más allá de pájaros
En desbandada.
En la red de cristal que la estrangula,
Allí como en el agua de un espejo,
Se reconoce;
Atada allí, gota con gota,
Marchito el tropo de espuma en la garganta.
¡Qué desnudez de agua tan intensa,
Qué agua tan agua,
Está en su orbe tornasol soñando,
Cantando ya una sed de hielo justo!

La palabra da vida a lo inerte, eterniza lo perecedero, es fuente de conocimiento. La palabra conjura el vacío y la nada por donde se despeña el hombre, quizá sea éste el verdadero infierno que ha imaginado: un mundo hundido en el silencio. La palabra funda el espacio, pues nombrarlo es consagrarlo, crearlo, dice Mircea Eliade, al referirse al mito, y ese espacio «nombrado» «consagrado» durante el ritual, viene a ser el *axis mundis*, centro del Universo y punto alrededor del cual todo habrá de hacerse y decirse; pero también vendrá a constituirse en *imago mundis*, donde se generan ideas, conceptos, imágenes, en una intrincada red de significaciones; umbral donde predomina lo virtual sobre lo real, la representación sobre la cosa representada.

La palabra es un signo, un símbolo que produce otros en una proliferación que por momentos se antoja infinita. En la naturaleza simbólica del lenguaje al representar un signo por medio de otro signo, está implícita su esencia metafórica. Y es que, cuando crea el poeta, consciente de esta eterna mediación entre las palabras y las cosas, se imagina a sí mismo como aquel Dios que situado en el Principio, en el Origen, crea al nombrar el mundo, inventa una realidad más allá de los objetos. El poeta es entonces el Demiurgo que encuentra la combinación exacta de sonidos en una imagen acústica que, al relacionarse a un concepto, conforma la realidad del signo.

La palabra es real y concreta, tiene una materialidad irrefutable, su emisión se da en un tiempo y en un espacio históricamente determinados, no obstante las realidades a las que alude puedan ser de diversa naturaleza o aludan a diversos planos: la descripción de tipo realista, la narración de un sueño o una fantasía desorbitada.

Y es que, diría Pierce, el signo o símbolo es algo que representa algo para alguien. Nada es un signo para sí mismo. Para ser un signo requiere que alguien lo entienda como tal. Si bien se ha señalado muchas veces que el lenguaje tiende espontáneamente a cristalizarse en metáforas, por lo cual todos los seres humanos somos una especie de poetas «naturales», (o. Paz, El arco y la Lira), lo cierto es que la adquisición de una verdadera conciencia poética pasa necesariamente por una conciencia lingüística que se cristaliza en capacidad de imaginación, en continua selección y combinación de las formas y de los contenidos, como cuando Sor Juana comienza diciendo en su poema, El Primero Sueño, ejemplo notable de construcción poética y de densidad conceptual el cual escribió imitando a Góngora:

Piramidal, funesta, de la tierra
Nacida sombra, al Cielo encaminaba
De vanos obeliscos, punta altiva
Escalar pretendiendo las Estrellas.

El poeta cuenta con las palabras de todos los días, con la materia lingüística que le ha sido heredada por una tradición y una cultura. Ahí están, mesa, casa, agua, luz, sombra, perro, amor, nostalgia, estrella, muerte o flor. Pero todas estas palabras, encuentran en el poema un nuevo sitio, una significación que parte de lo ordinario y a un tiempo lo rebasa, lo sustituye. Igual que ocurre con los mismos materiales (piedra, varilla, cemento, cristal) con los que se puede construir desde una casa, un rascacielos, un puente o una prisión.

A través del uso poético del lenguaje experimentamos un doble sentimiento, por un lado, se da una suerte de relación de identidad con lo que expresa un verso, por el otro, se produce una suerte de extrañamiento, ante lo que percibimos como distinto, nuevo, inusitado y que nos sacude. André Bretón, en el Primer Manifiesto del Surrealismo, señala que «la belleza será convulsa o no será», aludiendo al shock sicológico y afectivo que producen las imágenes y las metáforas, principio de transgresividad que supone todo arte «verdadero», toda poesía.

Y es que transgredir es «desautomatizar» a las palabras, devolverles su sentido primero o su sentido amplio, complejo, salvarlas de su uso mecánico, estereotipado para que recuperen su fuerza originaria. Desautomatizar las palabras a través de la metaforización del mundo, esas mismas que usamos para saludar al amigo, para verificar la hora , son las que usamos para saludar el estallido de la flor sobre la roca, para testimoniar que la noche es una palma blanca como la nieve, o que la tarde tiene un latido de corazón enamorado. Desautomatización que implica un uso diferente de los usos habituales de un término; desautomatización que nos confiere el uso poético de la lengua para descubrir que hay posibilidades de crear realidades «otras», imágenes «otras», ideas «otras» sobre los mismos asuntos de siempre, aquellos que involucran a todos los hombres desde que la humanidad fue creada, desde que los hombres fueron capaces de inventar el rostro de su propio Creador.

**Notas**
1. Esta interpretación contemporánea está basada en otros contextos afines al Popol Vuh tomados en cuenta para su interpretación por parte de antropólogos y lingüistas especializados en la escritura maya.

**Bibliografía**
Abbagnano, Nicola, "Diccionario de filosofía", México: FCE, 2004.
Abreu Gómez, Ermilo, "Popol Vuh", USA: Fondo De Cultura Económica, 2006.
Paz, Octavio, "El arco y la lira", México: FCE, 1982

114

# La grandeza de la concha y el encanto de los rincones

JORGE ANÍBAL MANRIQUE PRIETO

> *"No quiero que me duelan las paredes de mi casa*
> *que nadie diga que me miré al espejo*
> *ni que tiré para siempre mis zapatos*
> *que perdieron su color por la distancia,*
> *contrúyela... para que converse conmigo*
> *y ponle mil ventanas que den al paraíso."*
>
> Fragmentos del poema *Para construir una morada* de Nazario Chacón Pineda (Dedicado al arquitecto Lorenzo Carrasco, Documento inédito propiedad de Roberto López Moreno)

Todos los días en la mañana, millones de seres humanos se vuelcan a las calles de aquellos paisajes artificiales llamados ciudades. Unos salen a trabajar, otros a estudiar, unos cuantos a divertirse, otros tantos no saben a qué salen y unos pocos salen para nunca volver. Hay algo en común, todos salen. Y si todos salen quiere decir que también todos, o mejor, casi todos vuelven, llegan o regresan. Pero ¿a dónde regresan los seres humanos? Los seres humanos regresan a su casa; a ese espacio o conjunto de espacios donde se reúnen con sus seres queridos y no tan queridos, o simplemente donde moran en la individualidad. En ese lugar llamado casa hay espacios destinados o adaptados para dar paso a la intimidad [1], que a grandes rasgos está relacionada con la privacidad. Estos espacios han sido bautizados con el nombre de cuartos, habitaciones o recamaras; aunque cabe la salvedad de que la misma casa puede considerarse en muchos casos como recinto de la intimidad.

En conclusión, todos los seres humanos, al parecer por naturaleza, demandan un espacio para la intimidad. Gastón Bachelard, consciente de ello, ha decidido dejar en sus reflexiones sobre la concha y los rincones [2]; valiosas enseñanzas, no solo a filósofos y poetas, sino a los arquitectos y aún a los habitantes, para que no se deje de lado lo que Hölderlin, poeta visionario, había revelado con anterioridad: "Pleno de méritos, pero es poéticamente como el hombre habita esta tierra" [3]. Tierra que desde la experiencia cotidiana de estos días, los seres humanos ven transformada y reacomodada en espacios arquitectónicos; desde los más públicos hasta los detalladamente íntimos.

Pero ¿qué relación tiene la concha con el espacio íntimo? Si se mira desde una perspectiva netamente racional, aparentemente nada. Para entender esa relación es necesario que ustedes, estudiantes de la maestría en arquitectura, se trasladen a la frontera entre lo fantástico y lo real, ese filo que Graciela Montes denomina la frontera indómita [4], que no es más que el mundo de lo imaginario, el universo de lo poético. Es la invitación para que dejen de ser ustedes mismos en el mundo real, y entren una vez más a la libertad del mudo de lo imaginario.

El espacio íntimo debe tener el carácter de una concha. La concha no surge de afuera hacia adentro sino de adentro hacia a fuera. Su forma es el resultado del impulso vital que la origina; así, el espacio íntimo debe ser una manifestación de la esencia de quien lo habita. Es responsabilidad de los arquitectos, entender y hacerle entender al habitante que "hay que vivir para edificar la casa y no edificar la casa para vivir" [5]. Uno de los esfuerzos de la vida es elaborar conchas; esto se traduce en que uno de los esfuerzos del ser humano (en cuerpo y alma) es elaborar espacios para el habitar. Pero lo más sorprendente es que esas formas, las conchas y los espacios habitables, que son una manifestación de la vida, reciben una vida propia. Esto es lo que Dulce María Loynaz descubre en su poema los últimos días de una casa, cuando aquella casa-concha que ha dejado de ser habitada, dice:

> Y entonces, digo yo: ¿Será posible
> que no sientan lo hombres el alma que me han dado?
> ¿Qué no la reconozcan junto a ella,
> que no vuelvan el rostro si los llama,
> y siendo cosa suya les sea cosa ajena? [6]

De lo anterior surgen un par de preguntas ¿cuándo serán consientes los arquitectos de que el espacio íntimo, para existir, requiere de la vitalidad o de una porción de vida de quien lo va a habitar?,o más bien, ¿hasta cuándo los espacios íntimos, diseñados por los arquitectos, serán autobiografías imperantes que quieren enseñarle a vivir a sus habitantes? Estas dos cuestiones quedan a disposición de ustedes, que son arquitectos y también habitantes. Volviendo a la reflexión de la concha, Bachelard comenta, por ejemplo, que el caracol hace uso de ella para protegerse. Para este indefenso molusco la concha es su fortaleza. Para el ser humano es igual; el espacio íntimo debe ser su refugio, no solo físico, sino también para su alma. Y ¿cómo puede ser un espacio habitable un refugio para el alma? La respuesta es en apariencia sencilla, pero goza de una profundidad incalculable: el espacio íntimo es un refugio para el alma cuando permite que esta se recree en el mundo de la imaginación; en las memorias y anhelos de su existencia. Dice Bachelard: "la imaginación vive la protección" [7].

Así como el poeta vela por que cada palabra de sus poemas, despierte una y mil imágenes en la mente (imaginación) del lector, el arquitecto debe velar por que ese espacio habitable promueva en el habitante la evocación de imágenes de su pasado y la proyección de imágenes del futuro que quiere ser [8]. En ese sentido el espacio arquitectónico debe abrir las puertas de un nuevo mundo al habitante. En ese otro mundo, en el de la frontera indómita, el de lo imaginario, en el de la poética; el ser humano que físicamente está parado sobre esta tierra, ha dejado de ser él para convertirse en otro el, es decir, ha experimentado lo que Octavio paz denomina la otredad. Ahora ese habitante es un ser imaginario que se contempla así mismo, habitando en espacios memorables de su infancia o su juventud; espacios donde reposó con gratitud, y que espera con gran anhelo volver a experimentar. Es precisamente en lo anterior donde radica la grandeza de la concha. En la posibilidad de albergar y revelar el universo interior, el mundo imaginario del ser humano, del habitante. No en vano Bachelard reflexiona sobre la manera en que de la concha puede salir un elefante [9]. Es entonces deber del arquitecto lograr que en un pequeño espacio se habrá un universo para el habitante; pero ¿cómo lograr esto?

Alguna vez un famoso arquitecto dijo: "dios está en los detalles" [10], refiriéndose a los detalles constructivos de un espacio arquitectónico. Sin embargo, es válido contemplar esta frase desde una perspectiva más profunda hasta el punto de decir: "La poética [dios] está en los detalles". Al respecto Bachelard dice: "con un detalle poético la imaginación se sitúa ante un mundo nuevo" [11]. La labor del arquitecto es entonces, ser un medio para que la voluntad de ser del habitante, se materialice en los espacios habitables. En este punto hay que aclarar que la poética en la arquitectura es experimentada gracias a la mediación de los sentidos. Así como un poema no podría abrir el mundo de lo imaginario si no se leyera, se escuchara o se palpara; el espacio arquitectónico, la concha, debe responder sensiblemente a los sentidos de su habitante; debe estimularlos en la proporción adecuada para que la poética tenga lugar. Todo ello está a menester del arquitecto, que debe conocer la esencia de los materiales de la concha y su relación con el cuerpo humano [12].

Las impresiones de la intimidad están presentes en los detalles, y esos detalles pueden apreciarse claramente en los rincones de la concha. Los rincones son del carácter de las conchas, pero su escala es tan próxima al cuerpo humano que de repente parecen convertirse en una segunda piel de quien los habita. Prácticamente todos los seres humanos han gozado del refugio de un rincón. ¿Quién en su infancia no habitó dentro de una caja, detrás de un mueble, o debajo de una cama, una mesa o una manta sostenida por un palo de escoba? "Los rincones son espacios reducidos donde nos gusta acurrucarnos, agazaparnos sobre nosotros mismos y entrar en la soledad de la imaginación" [13], dice Bachelard.

En esto reducidos refugios los sentidos se agudizan, el tiempo se alarga, los detalles, al parecer insignificantes, se vuelven evidentes, se amplían; y lo más importante, permiten que el habitante tome conciencia de quien es. Ese es el encanto de los rincones; que el ser humano que los experimenta se enfrenta a un armario de recuerdos y de nostalgias, que lo han acompañado y lo acompañaran durante toda su vida. --Esta ventana me recuerda a la ventana de la cocina de mi abuelita, ventana que estaba acompañada de una vieja silla de madera, en la cual yo me paraba para poder asomarme y mirar las montañas a través de ella. En verdad era chiquitita; en madera lacada y con algunos clavos que mi abuela había incrustado intencionalmente en ella para colgar algunos trapos--. Los rincones son un retiro del alma, son refugios donde el universo de lo real se niega, donde reinan el silencio y el recuerdo. En ellos el habitante se repliega sobre sí mismo, muere y vuelve a vivir. Muere para el mundo real, para lo cotidiano, y vive nuevamente por que se recrea en su imaginación, en las memorias de aquellos rincones del pasado que lo han hecho ser él.

Que ávidos están los seres humanos de aquellos rincones y que deuda, que responsabilidad, tienen los arquitectos de ayudarlos a materializar. Que necesitada está la arquitectura de que la poética sea instaurada nuevamente en ella. La puerta quiere convertirse en un umbral; la ventana anhela ser un nicho, una frontera que vincule al habitante con el universo, las fotografías se mueren por participar dentro del espacio, los colores y las texturas deliran por alegrar la vida de los seres. En fin, la labor poética es mucha y parece que son pocos los arquitectos que quieren hacerla. Las conchas y los rincones son lugares de la intimidad por que permiten que el ser humano que los habita dialogue consigo mismo, con su otro yo y con el universo. Pero se preguntarán ¿y de que nos sirve esto a los arquitectos? Bachelard responde: el ser al encontrarse consigo mismo se renueva, se limpia y se purifica; se prepara para salir con más fuerza; de ahí que de la concha salga un elefante.

Habitar en un espacio de confianza, de libertad (experimentada en la imaginación), y donde el ser humano disfruta del sueño de la tranquilidad, se convierte en un empuje, en una motivación para seguir adelante. Los arquitectos muchas veces le imponen cierta manera de vivir al habitante, ignorando que la solución es más sencilla de lo que parece; ignorando que lo más importante, y ese es el sentido de la poética, es que el ser humano sea consciente de los detalles que rodean su existencia en el mundo. La poética oculta y desoculta la relación del ser humano con el universo.

Al tener los espacios habitables el carácter de la concha de un caracol, el habitante tendrá la certeza de salir cada día, cada mañana, con la firmeza de un elefante a enfrentarse nuevamente a esa fatalidad elegida [14], que son las ciudades, y más que ellas, el mundo que se sumerge en la inmediatez. Al respecto, Bachelard hablando del caracol dice: "las concha es una escalera, en cada contorsión [salida y entrada] se fabrica un peldaño, para avanzar y crecer". El ser humano al igual que el caracol, llevará su concha a donde vaya [15]. El caracol la llevará físicamente; en cambio el ser humano la llevará en su memoria, esperando recrearla cada vez que un espacio arquitectónico se lo permita. Cuando un espacio permite imaginar, fantasear o soñar, es habitable. Y como se dijo antes el espacio habitable termina siendo el reflejo uno mismo. Noel Arnaud hablando con la propiedad de un ser humano que ha habitado en su concha y dice: "yo soy el espacio donde estoy" [16].

**Notas**
1. Revisar palabras sobre la intimidad pronunciadas por la Filosofía María Noel Lapoujade en conferencia magistral, Coloquio Espacios imaginarios, F.F. y L., UNAM, 1997.
2. Bachelard, Gastón, "La poética del espacio", México: Fondo de Cultura Económica, Capítulos V y VI, 1975.
3. Heidegger, Martin, "Arte y poesía", México: Fondo de Cultura Económica, 1958, p. 116.
4. Montes, Graciela, "La frontera indómita: en torno a la construcción y defensa del espacio poético", México: Fondo de Cultura Económica, 2001, pp. 49- 59.
5. Bachelard, *op. cit.*, p. 141.
6. Loynaz, Dulce María, "Los últimos días de una casa", Madrid: Ediciones TORREMOZAS S. L. p. 41.
7. Bachelard, *op. cit.*, p. 168
8. Montes, *op. cit.*, p. 39. Dice la autora: "la responsabilidad del hacedor (…) estriba, justamente, en que la obra pueda tener lugar, en hacerle sitio y en ser leal a ella, permitiéndole desarrollarse bien y con coherencia".
9. Bachelard, *op. cit.*, p. 143 Dice el autor: "En el orden de lo imaginario, es normal que el elefante, ese animal inmenso, salga de una concha de caracol.
10. Celebre frase de Mies van der Rohe "God is in the details".
11. Bachelard, *op. cit.*, p. 170
12. Heidegger, *op. cit.*, p. 81. Dice Heidegger: "Los grandes artistas, aprecian en extremo la capacidad manual, para cuyo pleno dominio exige un cultivo esmerado." Esto es una recomendación certera; el arquitecto está en la obligación de conocer las técnicas constructivas de su tiempo, entender los materiales, cómo funcionan, cuáles son sus propiedades y sobre todo cuál es su aporte a la habitabilidad de los espacios que permiten materializar.
13. Bachelard, *op. cit.*, p. 171
14. Así denomina Carlos Monsiváis a la ciudad de México en su artículo: "La ciudad de México: La fatalidad elegida". Publicado en La Gaceta del F.C.E., No.287. Noviembre de 1994, pp.6-8

15. Loynaz, *op. cit.*, p. 28 Dice un fragmento del poema "los últimos días de una casa": Y es que el hombre, aunque no lo sepa, / unido está a su casa poco menos / que el molusco a su concha. / No se quiebra esta unión sin que algo muera / en la casa, en el hombre... O en los dos.
16. Bachelard, *op. cit.*, p.172

**Bibliografía**
Bachelard, Gastón, "La poética del espacio", México: Fondo de Cultura Económica, 1975.
Heidegger, Martin, "Arte y poesía", México: Fondo de Cultura Económica, 1958
Lapoujade María Noel, "Conferencia magistral", Coloquio Espacios imaginarios, F.F. y L., UNAM, 1997.
Loynaz, Dulce María, "Los últimos días de una casa", Madrid: Ediciones TORREMOZAS S. L.
Monsiváis Carlos, "La ciudad de México: La fatalidad elegida", México: Gaceta del F.C.E., No.287, Noviembre de 1994.
Montes, Graciela, "La frontera indómita: en torno a la construcción y defensa del espacio poético", México: Fondo de Cultura Económica, 2001.

# Poesía y arquitectura: una relación difusa

IVÁN SAN MARTÍN CÓRDOBA

El título "Poesía y arquitectura: una relación difusa" que he elegido dirige mi interés hacia el esclarecimiento -aunque no sé si lo logre- sobre la difusa relación que existe entre éstas dos disciplinas de producción. De hecho, la relación entre ambas no es nada nuevo, pues a lo largo de nuestra historia occidental se les ha vinculado en innumerables ocasiones, aunque muchas veces sólo sea con meros fines retóricos, como cuando se dice grandilocuentemente que: la arquitectura es poesía congelada, o bien, cuando se explica a la poesía en términos de la arquitectura de la palabra, aunque a veces también se recurre a las trilladas analogías musicales, lo cual queda también bastante *cool*. Sin embargo, estas aseveraciones que a mi juicio, adornan mucho al orador, pero poco añaden verdaderamente en términos epistemológicos, pues aunque ciertamente poseen una dosis de verdad, las frases así enunciadas sólo contribuyen a confundir aún más sus diversos campos de producción.

Por ello, con el ánimo de comenzar a disipar las nubes que empañan esta difusa relación, comenzaría por señalar que distingo al menos dos maneras diferentes en que se han vinculado la arquitectura y la poesía a lo largo del desarrollo cultural occidental: la primera como una relación disciplinar, y la segunda como una estrategia de producción de bienes culturales. Comencemos por aclarar la primera, es decir, como una relación entre dos disciplinas: Recordemos que tanto la arquitectura como la poesía existieron profusamente en la antigüedad griega y romana, sin embargo, ocupaban puestos y valoraciones radicalmente distintos a los actuales: mientras la arquitectura era tan solo un arte o tecné -tecnh- es decir, la habilidad de producir bienes en base a reglas perfectamente establecidas, la poesía ocupaba por el contrario, un lugar infinitamente superior, pues eran consideradas como una actividad muy cercana a los dioses, a veces incluso atribuyéndole un poder adivinatorio (con excepción de Aristóteles, quien opinaba muy diferente, como tendremos oportunidad de revisar más adelante).

De hecho, tratar a la poseía como una de las disciplinas artísticas hubiera sido sin duda una terrible ofensa a los poetas. La poesía no arrojaba productos materiales, ni se regía por leyes, sino sólo contaba con la inspiración de Apolo y sus Musas. Además, la poesía tenía la potestad de poder influir en las acciones éticas y morales de los seres humanos. Así, Aristófanes se preguntaba: ¿Qué es lo que debemos admirar en un poeta... ?, a lo cual él mismo se respondía: "...su inteligencia aguda, su sabio consejo y que haga mejor a los ciudadanos..." [1]. En cambio, la arquitectura, la pintura y la escultura eran simplemente artes, y no solo eso, sino que entre ellas ocupaban un puesto inferior, pues al igual que a la orfebrería o a la tejeduría, se les consideraban artes mecánicas, por incorporar un esfuerzo físico en sus respectivos procesos de realización, es decir, un concepto muy semejante al que nosotros aplicaríamos para definir a las actuales artesanías.

Las llamadas artes liberales -como la geometría, la astronomía o la retórica- ocupaban un rango superior, ya que si bien eran artes o habilidades productivas que también se sujetaban a ciertas reglas, sus procesos productivos no arrojaban el despreciable sudor, sino que eran únicamente producto del esfuerzo intelectual, un concepto semejante al que nosotros actualmente aplicamos a las ciencias. De hecho, esta relación entre aquellas disciplinas artísticas -producto evidentemente de la aplicación de su particular concepto de arte- fue tan trascendente que no sólo lo transmitieron los griegos a los romanos, sino que perduró incluso durante los muchos siglos que duró la Edad Media, tan sólo cambiándose el término de artes mecánicas por el de artes vulgares.

Sin embargo, la posición de la poesía si había sufrido un cambio radical, pues la teología cristiana -que recordemos entonces influía a todas las actividades humanas- había arrojado a la poseía a una posición bastante indefinida, ya que mientras aún perduraba la tradición de no incluirla entre ninguna de las artes -ni liberales ni vulgares- la poesía medieval había dejado de ser considerada como una actividad superior con matices adivinatorios. Por el contrario, en términos generales, era entendida más bien como un tipo de oración al Dios cristiano, una especie de actividad confesional que solo servía para expresar una gran devoción religiosa, es decir, siendo más un medio que un fin en sí mismo.

Más tarde, las primeras manifestaciones del pensamiento humanista renacentista comenzará a sentirse precisamente entre los poetas italianos de los siglos XIII y XIV, quienes lucharán por devolverla a una posición preeminente, aún a costa de marcar sus diferencias con el resto de las artes vulgares, como con la arquitectura, como cuando Petrarca señalaba que la diferencia consistía en la calidad de placer que cada una de ellas producía: "...el oro, la plata, la ropa púrpura, la mansión erigida en mármol, el campo cultivado, el corcel engalanado y las restantes cosas de esta condición contienen un placer silencioso y propio de quien las disfruta; los libros, en cambio, deleitan, dialogan y sirven a lo más profundo, y están ligados a nosotros por una relación palpitante y estrecha..." [2].

Por el mismo derrotero transitaron poco después los pintores italianos, quienes apoyándose en la cualidad de creatividad que entonces encontraban en la poesía, se esforzaban en elevarla al mismo rango que las ciencias o artes liberales, tratando por el contrario de marcar su distancia con el resto de las artes u oficios vulgares. Recordemos a Cennino Cennini cuando señalaba: "...Y éste es un arte que se llama pintar ( ...) Y con razón merece ser puesto en el segundo lugar de las ciencias y coronarlo con la poesía. La razón es ésta: que al poeta, la ciencia originaria que posee le hace digno y libre de componer y ligar sí y no según le place, según su voluntad. E igualmente al pintor se le dio libertad de poder componer una figura erecta o sentada, mitad hombre mitad caballo, según le place, según su fantasía..." [3].

De hecho, esta lenta redención que tendrá la poesía y la pintura en los albores del Renacimiento pronto será seguida por las disciplinas productivas de la escultura y la arquitectura, con artistas como Ghiberti y Brunelleschi primero, ó Alberti y Miguel Ángel después, es decir, un advenimiento que produjo finalmente que la poesía y la arquitectura pudieran ser incluidas en el mismo selecto grupo de artes liberales, dejando finalmente lejos a los despreciados y sudorosos oficios.

No obstante, como éste grupo también incluía a disciplinas como la geometría, la retórica o la astronomía, fue necesario encontrar nuevos conceptos que aclararan cuales elementos eran comunes a la poesía con la arquitectura o la pintura, y cuales los separaban de las actuales ciencias. Fue así necesario que transcurriera los siglos XVI y XVII para descubrir que todas ellas compartían el común objetivo de imitar la realidad, y más tarde en el XVIII, para señalar que además lo hacían bellamente, es decir, que lo que las unía era la finalidad estética de persecución de la belleza, dejando finalmente, así, que la astronomía o la aritmética entre otras, se alejasen gradualmente de ellas para incorporarse finalmente al grupo de las ciencias como la Física o la Química. Sin embargo, la Ilustración y sobretodo el Romanticismo del siglo XIX volvería a causar nuevos estragos en la relación entre la poesía y la arquitectura. La primera se encargó de distinguir que aunque la poesía abordaba la belleza, no lo hacía visualmente, mientras que la arquitectura, la pintura y la escultura si lo hacían siempre, por lo que entonces las llamaron Bellas Artes, prejuicio ilustrado que por cierto aún continua y que es uno de los factores que han originado tanto desempleo entre los arquitectos... Por su parte, el Romanticismo decimonónico se encargó de señalar nuevas diferencias entre ambas, recurriendo nuevamente al antiguo asunto de la inspiración poética. Así, Goethe señalaba que: "

Las artes y las ciencias se obtienen a través del pensamiento, pero éste no es el caso de la poesía, ya que se trata de una cuestión de inspiración; ésta no debe denominarse como arte ni como ciencia, sino como genio..."[4].

No obstante, si bien estos dos siglos fueron los causantes de que la poesía y el resto de las artes volviesen nuevamente a separarse, añadieron también un particular enfoque ahora bastante contemporáneo: en efecto, todas las disciplinas artísticas son distintas, pero todas ellas comparten una calidad poética. Con esto, de hecho, llegamos al segundo tipo de relación que señalaba yo al inicio de mi intervención: la poesía como estrategia de producción. Los orígenes de este enfoque eran sin embargo muy antiguos: Aristóteles, de hecho, fue el único que no trataba a la poesía como una actividad preeminentemente superior a las otras artes, ya que por el contrario, concebía que todas las artes

-incluyendo a la poesía- tenían el cometido común de la imitación -la mimesis griega- diferenciándose sólo en los medios y los temas que cada una de ellas utiliza.

Sin embargo, además de esa concepción disciplinar, concibió al término Poética -o Poiesis- para explicar un proceso cualitativo de producción artística, es decir, producir mediante una buena imitación de la realidad, una condición que además concibió como algo natural a todos los seres humanos, por su carácter epistemológico: "....el hecho de imitar es, en efecto, algo connatural al hombre desde la infancia y en esto se diferencia de los demás animales, en que es sumamente apto para la imitación y adquiere sus primeros conocimientos imitando..."[5], de modo tal que todas las artes mecánicas -incluyendo la arquitectura, desde luego- podían aspirar a esa condición poética.

Así, desde este punto de vista, siempre la arquitectura habría sido Poética: pues así como los capiteles de los órdenes corintios imitan a los acantos, también la silueta convergente de las columnas imitan a los árboles. De hecho, tanto el romano Vitruvio como los tratadistas renacentistas que como Alberti lo emularon, recomendaban la imitación de la naturaleza, ya sea en sus formas como en sus principios. Por ello, cuando el siglo XIX, y más tarde el XX, retomaron estas ideas aristotélicas, las diferencias históricas entre la poesía y las artes se reencauzaron en un camino que, si bien es cierto que las separaba disciplinarmente, las unía productivamente.

De este modo, podía haber poética no sólo en la pintura, la música o la arquitectura, sino incluso encontrarla en los paisajes naturales, pues todo ello poseía sus mismos principios, tal y como lo recomendaba Quatremére de Quincy a principios del siglo XIX: "...Si la arquitectura es imitación, no es porque ha embellecido sus necesidades originarias, sino porque imita la naturaleza en sus mismas leyes, y es por ello que a través de descubrir esas causas misteriosas naturales nos produce sensaciones agradables y desagradables..." [6].

Por ello, no es causal que en tiempos más cercanos aparezcan algunos títulos que refuerzan esta nueva forma de relacionarlas. Primero, hacia los años setenta el famoso texto de Robert Venturi de "Complejidad y Contradicción en Arquitectura" en donde señalaba, inmerso en pleno contexto lingüístico del Posmodernismo, una moderna lectura aristotélica de la arquitectura basándose en analogías que podían encontrarse con la estructura literaria de la tragedia griega. Más tarde, hacia los años ochenta, en "Arquitectura y Poética" de Joseph Muntañola, se retomaban las mismas ideas aristotélicas sobre la Poética, pues se exhortaba, no a la copia de sus formas sino que -al igual que el Estagirita- imitáramos los principios de la acción:"...El arquitecto es el poeta de las formas, porque sabe "construirlas" ("tramarlas") poéticamente, mediante la encadenación de sus elementos (caracteres) dentro de una misma totalidad, mito o fábula..."[7] .

A partir de ello, Muntañola nos proponía que la Poética pertenecía precisamente a uno de los tres niveles que posee la comunicación arquitectónica, es decir, la Poética, la Retórica y la Semiótica, en donde: "...La Poética nos define los términos bajo los cuales se produce el significado estético, la retórica nos ofrece las argumentaciones con las cuales la arquitectura se convierte en verosímil y persuade, la semiótica, por último, nos enseña la estructura de lo construido, o sea, la forma que en las diferentes culturas ha tomado la arquitectura como mimesis entre el construir, el habitar y el pensar..." [8].

Por ello, a partir de ésta concepción de la Poética como cualidad de la arquitectura nos permitiría a mi juicio, superar la dos trilladas definiciones de arquitectura -ya sea como arte o bien como únicamente productora de belleza- lo cual evidentemente limitan a la arquitectura a unas cuantas obras artísticas y bellas, mientras que el resto deberíamos entonces arrojarlas al denostado y numeroso grupo de las "edificaciones", a decir de los muchos arquitectos académicos que todavía apelan a estas caducas y excluyentes definiciones.  Por el contrario, ésta concepción de la Poética en la arquitectura es mucho más democrática e incluyente, pues no apela a ni a la belleza absoluta, ni a ser sólo un producto privativo de nuestro gremio de arquitectos, y mucho menos aspira a ser siempre considerada como una obra de arte. Puede haber poética en una casa maya o en una residencia de las Lomas, puede haberla en una casa autoconstruida como en un edificio corporativo. Todo depende de la calidad de la Fábula.

**Notas**
1. Aristófanes, "Las Ranas", Citado en: Tatarkiewicz, Wladislaw, "Historia de seis ideas", Col. Metrópolis, Madrid: Tecnos, 1987, p. 115 (1ª edición: 1976).
2. Petrarca, Francesco, "Epistolae de rebus familiaribus", III, 18. Tatrkiewicz, Wladislaw, *op. cit.*, p. 23, T. III.
3. Cennini, "Il libro dell'arte", I, 1 (ed. D.V. Thomson ), Citado en: Tatarkiewicz, Wladislaw, *op. cit.*, p.42.
4. Citado en: Tatarkiewicz, Wladislaw, *op. cit.*, p.148.
5. Aristóteles, "Poética" (capítulo IV), Madrid: Istmo Editorial, 2002, p. 37.
6. Citado por Muntañola, en: "Poética y arquitectura", Barcelona: Anagrama, 1981, p. 24.
7. Ídem.
8. Muntañola, *op. cit.*, p. 69.

**Bibliografía**
Aristóteles, «Poética», Madrid: Istmo Editorial, 2002.
Muntañola, «Poética y arquitectura», Barcelona: Anagrama, 1981.
Tatarkiewicz, Wladislaw, «Historia de seis ideas», Col. Metrópolis, Madrid: Tecnos, 1987.

Iván San Martín Córdoba

# Poesía y arquitectura
## La imagen entre la fuga y la estancia. El acorde posible

JORGE TAMARGO

> *Cuando la imagen se abstiene de ráfagas figuradas,*
> *cuando inaprensible huye de las cadenas causales*
> *en pos de la fantasía y de la magia supremas,*
> *--pura sustancia poética que a la forma se le escapa--*
> *sabe que a su regreso, puesta a salvo de la nada,*
> *el arquitecto, con su segura pátina,*
> *brindando con el poeta, el pensador, el artista,*
> *sereno más diligente la esperará en la estoa,*
> *para en acto de justa concreción reparadora,*
> *llevarla --ah, madonna fatigada--*
> *a casa.*

Soy poeta y arquitecto. También -¿cómo no?- lector de libros y ciudades. Lo que puedo aportar aquí, como doble actor y espectador, tendrá necesariamente su carga teórica, pero no debe limitarse a ella. ¿Y qué es? Pues la visión de alguien que trabaja en ambas disciplinas con un afán humanista. Los muchos años que llevo escribiendo, diseñando, construyendo y leyendo, me dan la posibilidad de hacerlo desde una perspectiva no muy común. Esta visión tiene varios ángulos: el teórico, el empírico y el poético. En esta ocasión me centraré en el último. No hablaré sólo de poesía en detrimento de la arquitectura, no, sino de la poética como fin último de ambas disciplinas, de las particularidades con que actúa la imagen en cada una de ellas, y de los ámbitos en que la imagen poética y la arquitectónica pueden y deben arrumbarse para alcanzar un ambiente construido lo más adecuado posible al espíritu del hombre.

Doy por sentado que sabemos, o al menos intuimos, que la poesía y la arquitectura son artes, que por ello aspiran ambas a una poética, o sea, comparten un fin que trasciende en términos éticos y estéticos su campo meramente disciplinar; un fin que les exige ir mucho más allá del objeto concreto de su producción artística: el poema y el edificio. Ese *más allá*, esa demasía imprescindible radica y opera en la imagen que, con sus particularidades, gesta, caracteriza y mide la poética en ambas artes.

### La imagen entre la fuga y la estancia

En un texto reciente, donde también analizaba la imagen en poesía y arquitectura, comparé: "…lo inaprensible que en términos figurativos puede llegar a ser la imagen poética o musical, con la mayor tendencia a la figuración que, aun en obras pretendidamente abstractas, suele haber en la imagen ligada a la obra de arte visual..." [1] No hablaba entonces de forma sólo como figura externa, sino también y de manera especial como figura interna, esa que es captada con la mente, es decir, como idea. En aquel texto situaba "...en un extremo la imagen poética y en el otro la imagen arquitectónica.

La imagen poética de alta calidad, que aun siendo decididamente metafísica, se resiste a ser apresada en una forma definitiva, burlando una y otra vez las cadenas causales que la pretenden, huyendo de todo intento de concreción reduccionista; frente a la imagen arquitectónica, tan necesitada ella de ese estadio de concreción que, aunque con un germen más o menos imaginativo, termina siendo fruto de una causalidad severa que la obliga a su forma en un espacio que no podrá trascender, y en un tiempo que sólo trascenderá como memoria figurada, como proyección de una idea alcanzada..." [2] Entonces ya sugería cuáles son las principales diferencias entre la imagen poética y la arquitectónica, pero ahora quiero profundizar en ello.

**La imagen poética**
"Si me descifras en el río, te muerdo en la serpiente" [3]. Esta frase de Lezama recoge a la perfección la esencia inaprensible de la imagen, especialmente la poética. La imagen poética, cuando es buena, huye de la solución definitiva, de la sentencia meridiana y razonada como si en ello le fuera el ser. Una imagen resuelta abandona el amplio territorio de la idea para entrar en el acotado predio del concepto. La verdad y la razón poéticas resuelven abriendo, no cerrando. La sustancia poética nunca formaliza definitivamente, porque si lo hace en buena medida deja de serlo. La poesía, que es o debía ser siempre un ejercicio --el principal-- de alta reflexión, no maneja sin embargo respuestas unívocas, sino vías para que las preguntas puedan contaminarse de tiempo, y en esa temporal mácula renueven su simbólica fertilidad. La poesía amasa harina negra, y quienes la experimentan extraen de ella temporales y dorados panecillos para el sustento diario.

Pero estos bocados, afortunadamente, alivian sólo el hambre provisional, no el eterno apetito. La imagen poética que busca la sentencia, y para su mal la alcanza, abandona lo simbólico en pos de una verdad y una razón ya no poéticas, sino conveniente y convenidamente ciertas, o sea, enfermas, cuando no muertas. La poesía resuelta es matemática leyenda, ciencia. No se puede encontrar a la poesía cómodamente instalada en una cadena causal, sujeta a un relato determinista, despejando incógnitas y resolviendo ecuaciones. La imagen poética no soporta las operaciones que la reducen a lo meramente conceptual. Decía Schopenhauer: "…el concepto se asemeja a un recipiente muerto en el que se encuentra realmente todo lo que se ha introducido pero del que no se puede sacar (mediante juicios analíticos) más de lo que se ha introducido (mediante reflexión sintética); la idea, en cambio, desarrolla en aquel que la ha captado representaciones que son nuevas respecto de su concepto homónimo: se parece a un organismo vivo, en desarrollo, con capacidad procreadora, que produce lo que no estaba incluido en él…"(…) "…el paso de la idea al concepto es siempre una caída…" [4] Tal capacidad procreadora es la que tiene la imagen, especialmente la poética. ¿Acaso las ideas no son imágenes? La imagen poética es siempre potencia, no agotado acto; es idea viva, no del todo resuelta.

Especial interés tiene en la poesía, sobre todo si se compara con la arquitectura, su relación con la luz. En poesía la luz --su imagen, claro, la que más ilumina-- es siempre parpadeo, siempre un logro transitorio, algo que se arranca trabajosamente a la oscuridad para matar el hambre urgente con uno de aquellos dorados panecillos. La mejor imagen poética, aunque se nos presente iluminada, en el fondo padece una severa fotofobia. El poeta no trabaja con luz, en la luz. El poeta trabaja a plena oscuridad. Todo parpadeo que le es sustraído a la Señora, tiene por necesidad su negra e inmensa contraparte. Aquí no hay simetría posible. Una temporal ráfaga de luz sólo es posible si emergiendo de un continuo oscuro del que se ofrece una noticia carísima: la poética, la única que puede aspirar a un ápice de veracidad. Cuando el poeta sale de la oscuridad con su esplendente bolsita del todo abierta, esperemos deslumbrada y regalada pacotilla; porque es en cofres con cierto recato de luz donde lucen las verdaderas pepitas. Estas son las "migajas" esenciales. Todo lo hace el poeta por ellas, por su capacidad para meter sentido donde no lo hay, aunque sabe, que, como dijo Gamoneda: "Salimos/ de la oscuridad como del sueño:/ torpemente vivos." [5]

**La imagen arquitectónica**
Para explicar las características de la imagen arquitectónica, especialmente en contraposición a la poética, buscaré apoyo, no en arquitectos, sino en poetas y pensadores. Los arquitectos solemos estar, sobre todo en los tiempos que corren, inmersos en un quehacer que nos aparta vertiginosamente del humanismo. Somos "técnicos". Cada vez nos alejamos más del ideal vitruviano y nos colocamos orejeras más agudas y rotundas. Regresamos a un estadio arquitectónico primitivo, pero mucho más reducido que aquél. Sí, por ejemplo en Grecia, la arquitectura era una mera tecné, estaba dirigida a producir bienes materiales, sin embargo, al no haberse "democratizado", extendido y distendido, al no haberse divorciado del pensamiento mitológico que la sustentaba, ni apartado de los programas "divinos", la imagen operaba allí de una manera muy viva.

De acuerdo, una simple técnica que propiciaba cobijo, pero a los dioses…. En fin, que me perdonen los colegas arquitectos, pero nos movemos hace bastante tiempo en el reducido y penoso campo de una tecné sumamente empobrecida, y así… Decía Schopenhauer: "La arquitectura se distingue de las artes plásticas y la poesía en que no ofrece una copia sino la cosa misma: no reproduce, como aquellas, la idea conocida, prestándole el artista sus ojos al espectador, sino que aquí el artista simplemente dispone el objeto para el espectador, le facilita la captación de la idea llevando el objeto individual real a una clara y completa expresión de su esencia." (…) "…el arte arquitectónico, cuyo fin en cuanto tal es explicitar la objetivación de la voluntad en el grado inferior de su visibilidad, en el que se muestra como un afán sordo, inconsciente y regular de la masa…" [6] Con algunos importantes matices, así es. Como ya dije en una ocasión, "…la sustancia arquitectónica sólo es si reducida a forma, sólo puede ocurrir y ocurre en un espacio y un tiempo concretos, hacia una idea que tiende a cerrar sobre sí misma…" [7] Y comparaba: "…el poema y la pieza musical que escapan a la causal forma-idea, con el edificio que la concreta. El poema y la pieza musical que, aun 'terminados', se abren en múltiples potencias, frente el edificio que, concluido, se cierra en acto…" [8] La arquitectura ocurre de un ámbito de concreción reductora de la imagen, menor, si hablamos de un mausoleo, mayor, si lo hacemos de un hospital, pero considerable en cualquier caso si la comparamos con la poesía ¿Y a qué se debe esto? Existen varias causas:

## La componente material

La arquitectura es algo bien diferente a su dibujo, su proyecto. Tenemos una capacidad cada vez mayor de anticiparnos a ella, de simularla y prever su resultado, pero no vemos una película cuando leemos su sinopsis en prensa, nos la cuentan, o sacamos la entrada en taquilla; ni escuchamos una pieza musical cuando hojeamos su partitura. La arquitectura no es construcción, pero al menos hasta hoy, debe ser construida. La arquitectura ocurre físicamente en un espacio determinado, durante un tiempo también determinado. Es esta dependencia de lo material una de las causas que explican que la imagen arquitectónica tenga las alas más cortas que la poética. Como la materia no puede ser amorfa, y mucho menos puede serlo la manipulada por el hombre, su esencia material obliga a la arquitectura en dirección a la figuración, y la imagen arquitectónica debe figurar dentro de los límites de su materialidad. En adición, no lo hace por un instante, sino que busca una forma adecuada para una obra que necesita, cuando menos, un equilibrio estático perdurable, más en un templo que en una feria, pero siempre en alguna medida perdurable. La forma en arquitectura no lo es todo, pero es imprescindible para que ésta se pueda considerar como tal. Entonces la idea, esto es la imagen arquitectónica, no puede escapar a un importante factor de concreción formal, ligado a un espacio y un tiempo finitos y mesurables. Y además, se nos da principalmente mediante la visión, un simple sentido, con todas las limitaciones que ello implica, incluidas la propensión a la figuración resuelta, y las carencias o limitaciones frente a la evocación. La materialidad implícita en la arquitectura es para la imagen arquitectónica una reductora carga.

## La componente utilitaria

Pero la arquitectura, en la gran mayoría de los casos, tiene también una misión utilitaria. Se construye para albergar y proteger de la intemperie actividades que el hombre no puede o no debe desarrollar a campo abierto. Y este utilitarismo se extiende también a lo urbano. Observen cómo lo explica --¿lo cuenta?-- Ortega: "La urbe no está hecha, como la cabaña o el domus, para cobijarse de la intemperie y engendrar, que son menesteres privados y familiares, sino para discutir sobre la cosa pública." (...) "¿Cómo puede el hombre retraerse del campo? ¿Dónde irá, si el campo es toda la tierra, si es lo ilimitado? Muy sencillo: limitando un trozo de campo mediante unos muros que opongan el espacio incluso y finito al espacio amorfo y sin fin. He aquí la plaza. No es, como la casa, un 'interior' cerrado por arriba, igual que las cuevas que existen en el campo, sino que es pura y simplemente la negación del campo. La plaza, merced a los muros que la acotan, es un pedazo de campo que se vuelve de espaldas al resto, que prescinde del resto y se opone a él." [9] Sí, ya sea en el ámbito privado o público, y salvo en escalas en las que la arquitectura linda con la escultura u otras artes visuales, la obra arquitectónica, y por extensión la urbana, siempre conllevan un fin utilitario. Ello condiciona y complica el papel de la imagen en la arquitectura, porque ésta debe jugar su simbólico rol, no sólo concretamente figurada, sino además sometida a la molesta convivencia con procesos de medida y cálculo que a priori le son ajenos. Entonces ya tenemos una imagen que no puede escapar a su figuración, ni quedar dispensada en ella de cohabitar un objeto sometido a necesidades "espurias" que poco o nada tienen que ver con su esencia.

## La componente técnico-económica

Las componentes material y utilitaria de la arquitectura, que la obligan a construirse, la someten también a procesos netamente técnicos. Y no me refiero aquí a los que tienen que ver con el control del propio discurso arquitectónico, sino a los vinculados con esa "vulgar" y doble necesidad que tiene la arquitectura de materializarse "perennemente" figurada, siendo, además, útil. Decía el propio Ortega: "...la técnica es mera forma hueca --como la lógica más formalista--; es incapaz de determinar el contenido de la vida…" [10] Y si la técnica no puede siquiera determinar el contenido de la vida, cómo esperamos que opere en la sobrevida; si es incapaz de dar un sentido humano a la relación del hombre con la naturaleza, qué podrá hacer frente a la sobrenaturaleza. Eso es la imagen: sobrenaturaleza. Y ya se encontró en su camino hacia la arquitectura con una materialidad figurada, una exigencia utilitaria, y la necesaria medicación de la técnica para alcanzar ambas. Pero entonces aparece la economía. Porque todo ello debe equilibrarlo la arquitectura en dirección a obtener una relación óptima entre el esfuerzo invertido y el resultado obtenido. Claro que esto también depende del programa arquitectónico en cuestión, pero en todos ellos, en mayor o menor medida, intervienen limitaciones económicas. Siguen añadiéndose procesos de medición y cálculo que en principio son ajenos a la esencia de la imagen.

**La componente espacio-temporal**
La servidumbre ante un espacio y un tiempo concretos y finitos es también una condicionante severa para la imagen arquitectónica. Decía Schiller: "Lo que nunca y en ninguna parte ha sucedido,/ Sólo eso no envejece nunca." [11] Si la imagen logra escapar a las apetencias de la forma y mantenerse siempre en potencia, si no se concreta en acto, figurando, dejándose medir, pesar, desentrañar del todo; es decir, si no aparece más que como posibilidad, no envejecerá. Pero si por el contrario se cierra en acto, ocurriendo formalmente en el tiempo y el espacio, estableciendo con ellos una dependencia total, no sólo envejecerá, sino que dejará de funcionar como imagen viva, pasando a ser idea alcanzada. Eso es la imagen arquitectónica, una idea que necesita concretarse, "petrificarse", y, sin poder prescindir de lo espacio-temporal, busca entonces convertir el espacio colonizado en referencia de sí misma durante el mayor tiempo posible. Hablamos aquí de pretensiones propias de la arquitectura, no de la construcción, o de otras disciplinas que a veces intentan suplantarla.

Entonces la imagen arquitectónica llama, como ninguna otra, a la puerta de la memoria. Porque es en la memoria donde puede seguir operando, esta vez como noticia de los condicionantes que la hicieron precipitar y sedimentar cual fenómeno en la obra de arquitectura. Es tan grande el esfuerzo invertido por el hombre para fijar con éxito a su tiempo-espacio la idea o imagen arquitectónica válida, que no puede permitirse el lujo de olvidarlo. En la memoria, la arquitectura se redimensiona. Su fertilidad es cuestionable en términos creativos, pero mantiene otro tipo de interés... Aun así, el templo griego ya nos dijo todo lo que importa, mientras que el acusmata pitagórico se mantiene inagotable. El uno habla del griego y sus circunstancias. El otro, del hombre, de lo sobrehumano. El uno está en el tiempo y el espacio, en los suyos. El otro no está en el espacio; sí en el tiempo, pero en todo el tiempo del hombre, y siempre con la misma y rabiosa juventud. El uno se puede medir y pesar, ocurrió. El otro es inaprensible, no ocurre más que a ráfagas y siempre fuga. El uno es luz franca. El otro, oscuridad, con apariciones oblicuas de una luz escapista. Ahí están las diferencias esenciales.

**La componente simbólica:**
La arquitectura fue –¿todavía es?– el más eficaz soporte simbólico con que cuenta el hombre. Pero en ella se produce una paradoja interesante: es la mejor vía para fijar símbolo. Sin embargo, el símbolo fijado puede tender a explicarse, y si lo hace, morirá. Nos dice Jung: "Un símbolo pierde su virtud mágica, por decirlo así, o si se quiere su virtud redentora, tan pronto como su reductibilidad es reconocida. Por eso un símbolo activo ha de tener una hechura inasible" [12]. La imagen arquitectónica, sometida a sus componentes material, utilitaria, técnico-económica y espacio-temporal, tiene que ajustar el símbolo a un discurso concreto, incluso retórico que, aun cuando se haga muy abstracto, inevitablemente tomará forma y cerrará en acto. Si Atenea hace en el Ática una aparición luminosa en el crujido de una rama que parte en su árbol, no habrá comprometido su potencial simbólico en medida alguna; la idea "Atenea" quedará intacta.

Pero si la diosa se hace escultura y adquiere casa en la Acrópolis, su potencial simbólico se habrá comprometido con una forma, un discurso, un vocabulario, unos procesos de cálculo y medida... Aquí el símbolo se va reduciendo, y la idea, ya figurada "para siempre", va cayendo progresivamente hacia el concepto. La arquitectura fue, especialmente antes del "siglo de las luces" y su revolución industrial, el arte escogido por las clases sociales dominantes para dar cabida formal a sus símbolos, y proyectarlos, hábilmente sometidos a la figura, sobre el presente y hacia el futuro; en cierta medida con su propio lenguaje abstracto, y en mayor medida aún con el lenguaje figurado de otras artes visuales a las que ofreció un soporte óptimo para sus fines. La imagen arquitectónica, no sólo tuvo las limitaciones ya expuestas con anterioridad para mantenerse inasible del todo, abierta en potencia, sino que fue requerida para gestar símbolo; no mágico, irreducible, para eso ya estaba la poesía, sino pétreo y matemático. Claro, el símbolo en arquitectura es muy visible, mientras funciona es apabullante, pero está siempre cercado por su tiempo, por su espacio, por la necesidad de concreción formal.

Sin embargo, la imagen arquitectónica, también por quedar fijada, "petrificada" a la vista de todos, aun con un valor simbólico nulo si nos referimos al concebido en origen, es muy capaz de operar en la memoria colectiva redirigiendo el símbolo original por derroteros muy diferentes al que en inicio tuvo. La imagen arquitectónica nace reducida, pero su poética no sólo opera en su tiempo y por una vía, es capaz de perdurar asida a la memoria con una nada despreciable vocación "arqueológica". Mas por aquí nos vamos desviando, así que regresemos.

**La dependencia de la gravedad y la luz:**
La imagen arquitectónica está siempre "presa" en la gravedad y la luz. Claro que tiene capacidad evocativa, pero toda ella pasa por estas razones físicas que condicionan su metafísica y su poética. Se cuenta que san Juan de la Cruz, en medio de una visita que hizo con algunos discípulos a un bello edificio recién construido, al notar el desmedido entusiasmo de ellos ante la obra, les dijo: "Recuerden que no hemos venido a ver, sino a no ver" [13]. Bueno, el místico podrá abstraerse del hecho arquitectónico para trascender sus límites a plena oscuridad, pero la arquitectura hay que verla… y a la luz. Decía Shakespeare: "Si cierro más los ojos, mejor veo" [14] y Goethe: "Al conjuro de nuestra imaginación podemos producir en la oscuridad las imágenes más claras" [15]. Bien, lo que pueden mejor "ver" o producir los poetas con los ojos cerrados es, sobre todo, imagen poética, pero la imagen arquitectónica, una vez que lo es, o sea, que ocurrió definitivamente en el edificio, sólo puede ser experimentada con los ojos abiertos.

Con ellos cerrados se podrá recordar, incluso recrear lo antes visto, pero no se podrá tener la primera y necesaria impresión. Si bien para la imagen poética la oscuridad es fundamental, para la arquitectónica lo es la luz. Esta es una diferencia esencial. Contra la omnipresencia de la gravedad y la luz, para medirlas, controlarlas y dirigirlas interesadamente manipuladas en un sentido favorable a lo que la obra demanda, trabajamos los arquitectos incansablemente, pero nunca podremos, al menos en la tierra, lograr una obra ingrávida o puramente etérea, como tampoco una que se pueda experimentar a plena oscuridad.

### El acorde posible

Hasta ahora, y aceptando de partida que tanto la poesía como la arquitectura son artes cuyo principal afán debe ser la poética, hemos visto resumidamente cuáles son algunos de los factores que diferencian a la imagen cuando obra en ambas disciplinas. Pero de poco nos valdría haberlo hecho si nos detenemos aquí. Avancemos para examinar en qué medida confluyen ambas artes y sus respectivas poéticas, y cómo pueden apoyarse mutuamente en pos de un acorde que beneficie en especial a la arquitectura y al ambiente habitado por el hombre.

Aunque pueda parecer lo contrario, varios autores, desde clásicos a contemporáneos, se han acercado a este tema desde muy diferentes perspectivas. Hay numerosos ejemplos de artistas que han cultivado ambas disciplinas, y de estudiosos que, de manera más o menos directa, se han preguntado lo que ahora nos preguntamos: ¿Qué relación existe entre ambas artes? Pues bien, después de haberlas ejercido durante algunos años --sin gran éxito, lo reconozco-- y de haber leído al respecto varias obras de distinta índole; creo que entre la arquitectura y la poesía existe una obvia relación disciplinar, si bien ésta se hizo más o menos intensa, más o menos evidente, según la época de que se tratara. Pero también creo que ambas disciplinas comparten fines más acá y más allá del objeto concreto de su producción artística: el poema y el edificio; ya que comparten varias herramientas de trabajo, o sea, varios medios para alcanzar, tanto sus obras concretas, como, en última instancia, los fines que las trascienden en términos éticos y estéticos. Hagamos un poco de historia:

En la antigüedad clásica, sobre todo en Grecia, la poesía y la arquitectura estaban consideradas de manera bien distinta: la arquitectura era sólo una tecné dirigida a producir bienes materiales. Junto a la pintura, la escultura y la orfebrería, se consideraba la arquitectura como un arte mecánica en la que tenían una indeseable incidencia asuntos tan prosaicos como el esfuerzo físico y el consecuente sudor. La arquitectura estaba peor valorada que la geometría o la retórica, por ejemplo. Mientras tanto, la poesía era considerada por casi todos como una disciplina excelsa, ajena a la producción de bien material alguno. Era una actividad propia de verdaderos elegidos que obraban por inspiración divina, bajo el amparo interesado de Apolo y de las Musas, quienes podían otorgarle, incluso, dones sobrehumanos.

En el medioevo, a la lumbre del cristianismo, bajo una episteme marcada por la religión, ambas disciplinas estaban también desigualmente consideradas. La poesía dejó de ser vista como un don especial desde el punto de vista estrictamente humanista, y se convirtió progresivamente en un vehículo de acercamiento a Dios, en una suerte de vía para la oración, la devoción y el misticismo. Mientras tanto, la arquitectura, aun siendo la vía para conseguir los grandes espacios rituales y doctrinales, aun haciendo resonar en ellos el contrapunto entre cielo y tierra, aun soportando y ofreciendo con su vocabulario los mensajes religiosos dirigidos a feligreses incapaces de leerlos en otro lenguaje, por lo general mantuvo su consideración de arte menor destinado a la producción de bienes materiales.

Es con el impulso humanista del renacimiento, finalmente superado el concepto clásico y medieval de "artes liberales" (Trivium: Gramática, Retórica y Dialéctica; Quadrivium: Aritmética, Geometría, Astronomía y Música) que la poesía y la arquitectura van a avanzar en su relación y equiparación disciplinar, hasta llegar a ser consideradas ambas, junto a la pintura y la escultura, como nuevas artes liberales. La figura de Alberti, por citar el caso tal vez más llamativo, es una muestra ejemplar del ejercicio equiparable y equiparado de la arquitectura y la poesía a un mismo tiempo y por un mismo artista. Aunque todavía en esta época autores como Cellini, por ejemplo, siendo él mismo orfebre y escultor, se permitía el lujo de referirse con cierto desprecio a los escultores, porque se ganaban la vida con ese sudoroso oficio.

La ilustración primero, y después el romanticismo (siglos XVIII y XIX), trajeron nuevas segregaciones semánticas y conceptuales que afectaron a todas las artes, también a la poesía y a la arquitectura. Estas dos últimas, ya más equiparadas desde el XVI, siguieron distinguiéndose por su objeto y su alcance. Ambas pretendían la belleza, pero la lograda por la poesía seguía escapando a lo estrictamente sensorial, no se veía, ni se tocaba; mientras que la lograda por la arquitectura, sí. La arquitectura, la pintura y la escultura pasaron a integrar las Bellas Artes, y se fueron democratizando poco a poco bajo las exigencias del emergente "hombre-masa". Por su parte la poesía, para los neoclásicos, y sobre todo para los románticos, volvió a ser considerada como la manifestación suprema de la inspiración y el genio.

En el siglo pasado, colmo de los procesos socio-culturales y político-económicos que se iniciaron en el tardío medioevo, cuando el paradigma religioso comenzó a ceder terreno ante el moderno: la "sacra" comunión de la ciencia experimental con la economía de mercado, la arquitectura y la poesía mantuvieron diferencias disciplinares en cuanto a valoración social y destinatarios. Aunque en ámbitos académicos la arquitectura se incluyó, junto con las llamadas artes plásticas, dentro de las artes visuales, el arquitecto se fue alejando progresivamente del artista, derivando hacia el técnico, apartándose por ese camino de su modelo post-napoleónico y decimonónico. El poeta, aunque también condicionado por su tiempo, se movió menos. Ambas disciplinas afinaron su vocación "democrática", pero con desigual rotundidad. Mientras el discurso arquitectónico dominante abandonaba sus afanes elitistas a lo "Beaux Arts" para atender a la mayoría, y cedió a las exigencias de una voraz industria de los materiales, de las ingenierías técnicas y las financieras, confundido ya muchas veces con el propio de la construcción, el discurso poético no siempre lo hizo. Porque junto a tendencias más o menos veristas, más o menos mayoritarias o rebeldes frente a las élites de todo tipo, siguieron existiendo voluntades más "clásicas", importantes espacios poéticos para la "imagen de alcurnia", que situaba todavía a muchos autores entre los genios incomprendidos, incomprensibles. Recordemos, por ejemplo, que Juan Ramón Jiménez dedicaba su "poesía pura" "A la inmensa minoría". [16]

Claro, aunque como hemos visto, la arquitectura y la poesía tuvieron más o menos relación disciplinar según la época de que se tratara, ambas compartieron siempre lo que llamó Aristóteles la Poética. Si convenimos con el pensador estagirita en que todo proceso artístico parte de la mímesis, de la capacidad del ser humano para imitar a la naturaleza, y de su necesidad irrefrenable de hacerlo; si convenimos, digo, con Aristóteles, en que el grado de excelencia en ese proceso de imitación --que yo quiero ahora llamar también interpretación-- de la naturaleza, de la realidad, conduce a la poética; tendremos que aceptar que la poética no sólo está al alcance de cualquier arte, sino que debe ser su máxima aspiración. Entonces la arquitectura y la poesía están relacionadas, no sólo desde el punto de vista disciplinar, sino también por su meta común: la poética. El arquitecto, como el poeta, el pintor, el escultor, o cualquier otro artista, imita la naturaleza. Creo yo que además, y en primer lugar, la interpreta, traduce, reinventa en busca de su poética. Pero ¿dónde confluyen ambas artes y sus respectivas poéticas? ¿Cómo pueden apoyarse?

En primer lugar aparece un punto de encuentro bastante obvio. No es lo que más importa, pero la poesía y la arquitectura son artes que comparten varias estrategias y herramientas de producción, cuyo conocimiento en una de ellas, puede ayudar para el ejercicio en la otra. Por ejemplo, ambas disciplinas necesitan de una vocación estructural, en muchos casos buscan la misma economía de medios, la misma eficacia comunicativa, tienen parecidas concepciones del ritmo, similar necesidad de administrar tensiones, y de introducir momentos o períodos de feliz desconcierto en sus obras. Esto hace que cualquier poeta que haga arquitectura, o la experimente guiado por un conocimiento amplio de sus reglas, así como cualquier arquitecto que escriba poesía, o la lea dotado con la capacidad de disfrutarla en toda su complejidad, estén mejor preparados para ejercer sus respectivas artes que aquellos de sus colegas que carezcan de tales apoyos. Pero como ya dije, esto no es lo más relevante, y además, no es exclusivo de la poesía y la arquitectura. Cualquier artista estará mejor preparado para ejercer su arte, mientras mejor conozca, como actor o espectador, las otras. Es en otro terreno donde encuentro el mayor margen de apoyo entre la poesía y la arquitectura. Y ese apoyo se me hace más esencial cuando va de la primera a la segunda.

Vimos que la imagen arquitectónica, en el proceso de producción de la obra de arquitectura, cae de la idea al concepto involucrada en una cadena causal donde intervienen condicionantes de muy diverso tipo. En tal proceso, la imagen que, atención, puede partir de su máxima potencia --ahí está el detalle que importa-- va cerrándose en acto en la medida que el edificio va configurándose --diseño y construcción-- hasta quedar definitivamente conformada en él. Concibo el hecho arquitectónico dividido en tres grandes fases o etapas: conceptualización inicial, anticipación y concreción. En las tres opera la imagen arquitectónica que, en proceso de formalización, va de su mayor potencia --conceptualización inicial-- hasta su reducción actual --concreción-- pasando por la anticipación --diseño--. Una vez superada la primera fase, de ocurrir ésta, pues muchos arquitectos la obvian, la imagen arquitectónica que ya entró de pleno en su cadena causal, así condicionada, y sujeta además a un entramado conceptual más o menos cerrado, será cada vez más ella misma y admitirá menos apoyos de cualquier tipo. Es en la conceptualización inicial, especialmente en el comienzo de esta fase, donde la imagen arquitectónica, en gestación aún, admite y necesita ayuda. Es aquí donde la imagen poética puede aportar mucho a la arquitectónica.

**Conceptualización inicial en la arquitectura. El margen poético**
La arquitectura es, o debía ser, una disciplina humanista. Aquella visión de Vitruvio sobre el arquitecto: "Será instruido en la Buenas Letras, diestro en el Dibuxo, hábil en la Geometría, inteligente en la Óptica, instruido en la Aritmética, versado en la Historia, Filósofo, Médico, Jurisconsulto, y Astrólogo" [17], con algunos matices obvios, forzados por la importante progresión que ha tenido el conocimiento desde su época a la nuestra, tiene total vigencia en su fondo. Sí, el arquitecto debe ser un humanista. Como cualquier otro artista, debe poner su lenguaje y su vocabulario al servicio de una intención con un ascendente claramente cultural en el sentido más amplio del término. Para ello cuenta con muchos y variados medios: la luz, la gravedad, el propio lenguaje arquitectónico, el sitio, la ciencia, la técnica, los materiales de construcción, el dinero, etc.

Pero el fin: aquella poética aristotélica, que si me permiten trasciende ahora, para nosotros, la simple imitación de la naturaleza, y aborda la realidad demandando también su interpretación, la lectura de sus múltiples planos, sus infinitas traducciones para hacerla más potable a los "consumidores"; no se puede definir si no en y desde el más profundo humanismo. Aunque suene a cuento, dada la triste realidad en la que se desarrolla nuestra actividad cotidiana las más de las veces, la aspiración de Vitruvio mantiene sus fundamentos en la actualidad. Claro, la ilustración y la revolución industrial la han convertido en una quimera. Tal vez sea totalmente imposible que un arquitecto pueda hoy día reunir en sí un saber tan enciclopédico. Pero aun aceptando como irremediables la especialización y la división del trabajo actual, un arquitecto no debería prescindir jamás de tal aspiración: la que ha de inclinarlo hacia el conocimiento humanista, ése que le impedirá confundir los medios con los fines.

No se puede enfrentar la obra de arquitectura partiendo sin más de un análisis técnico-económico-normativo, un programa funcional y un levantamiento topográfico. Eso podrán hacerlo la ingeniería, la construcción, pero nunca la arquitectura. Insisto, si estamos aquí, es porque sabemos o intuimos que la arquitectura es un arte. Y el arte no puede ceñirse a semejantes supuestos. Sencillamente no cabe en ellos. La arquitectura debe nacer de premisas humanistas, y para ello, antes de entrar en su fase de anticipación pura y dura --diseño-- debe ser ideada, --imaginada-- a un nivel superior. Más aún, debe ser dotada de la fuerza germinal de la imagen en toda su potencia. Y esto no necesariamente tiene que dibujarse, porque el dibujo tiene una servidumbre frente a la forma que puede ser muy comprometedora en estas instancias primeras. La arquitectura tiene que ser ideada antes de ser anticipada. Y es en tal etapa de conceptualización inicial, mientras la imagen conserva toda su fuerza y su carga sugestiva, justo antes de que la imagen arquitectónica comience a consolidarse, cuando la poética puede servirnos de mucho. Recordemos la tendencia de la imagen arquitectónica a reducirse a concepto. Ayudemos entonces a que lo haga de la manera más abierta, amplia y fértil posible. Aun a riesgo de cometer "culpa" de idealismo, recuperemos aquí y ahora a Schopenhauer poniendo en paralelo idea (imagen) y concepto:

"El concepto es abstracto, discursivo, totalmente indeterminado dentro de su esfera, definido solo en sus límites, accesible y comprensible para cualquiera que simplemente esté dotado de razón, transmisible en palabras --o signos arquitectónicos, digo yo-- sin ulterior mediación y susceptible de agotarse en su definición.

Por el contrario, la idea, que ha de definirse siempre como representante adecuada del concepto, es plenamente intuitiva y, aunque representa una cantidad infinita de cosas individuales, está completamente determinada..." (...) "La idea es la unidad disgregada en la pluralidad en virtud de la forma espacio-temporal de nuestra aprehensión intuitiva: en cambio, el concepto es la unidad restablecida desde la pluralidad a través de la abstracción de nuestra razón..." (...) "Según todo lo dicho, el concepto, por muy provechoso que sea para la vida y por muy útil, necesario y productivo que resulte para la ciencia, para el arte es estéril a perpetuidad. En cambio, la idea concebida es la única y verdadera fuente de toda obra de arte auténtica" [18].

Aunque no suscribamos este discurso en su totalidad, --al menos yo no lo hago-- este gran pensador nos ayuda a entender por qué la imagen poética puede obrar provechosamente en los inicios del proceso gestor de la arquitectura. Justo antes de que la imagen arquitectónica comience a "cerrarse" para caer al concepto, la poética puede y debe intervenir para ensancharla lo máximo posible. Por eso, después de haberlo experimentado en múltiples ocasiones, recomiendo acudir a la poesía, y, buscando en ella la enorme capacidad sugestiva que tiene la imagen poética, introducirla en los primeros estadios del proceso de conceptualización que debe inaugurar todo intento de arquitectura. Antes de los primeros bocetos. Es ahí, en el fuego primigenio de una caldera netamente humanista, donde la imagen poética puede mejor arder para ayudar a la arquitectónica. Si esto sucede en ese momento, el camino que recorrerá la imagen arquitectónica hasta su figuración definitiva será más poderoso. Ojo, no más claro, sino poderoso...

Pero además, lo inaprensible de la imagen poética no está reñido con su capacidad para la ráfaga figurada. Todo lo contrario. Demandada por la conceptualización inicial del proceso gestor de la arquitectura, la poesía también puede hacer escala en la forma para abrir la puerta rápidamente a la imagen arquitectónica hacia su necesaria reducción conceptual. La imagen poética, si requerida en tal sentido, puede ser un surtidor de conceptos. En estos estadios iniciales, donde más acude el arquitecto a su "caja negra" dejando en un segundo plano su "caja de cristal", la ayuda de la imagen poética puede ocurrir de muchas maneras. ¿Quiere esto decir que la imagen arquitectónica será necesariamente otra y distinta en esencia, si se ha gestado con tales premisas, que puede tender a lo literario? Para nada. La arquitectura sólo puede alcanzar su poética por medios propios. No hay arquitectura posible fuera del discurso arquitectónico. No es la carga literaria de los textos coránicos insertos en la yesería de La Alhambra, lo que le otorga la poética a sus espacios. Es la idea, la imagen de Dios --ese enorme poema-- hecha arquitectura. Dios, imagen poética inaprensible, La Alhambra, imagen y poética arquitectónicas de ella resultantes. Ahí tienen un ejemplo notable del acorde posible.

**Notas**
1. Tamargo, Jorge. "La imagen entre la fuga y la estancia". Blog literario "Encomio de la imagen". Marzo, 2012. Recuperado de: (http://encomiodelaimagen.blogspot.com.es/2012/03/la-imagen-entre-la-fuga-y-la-estancia.html)
2. Tamargo, *op. cit.*
3. Lezama Lima José, "La dignidad de la poesía", Tratados de La Habana, la Habana: Editorial Letras Cubanas, 2009, (358 pp.).
4. Schopenhauer Arthur, "El mundo como voluntad y representación", Madrid: Editorial Trotta, 2009, p. 4.
5. Gamoneda Antonio, "Exentos I". "Esta luz". Poesía reunida, Barcelona: Editoriales Galaxia Gutenberg y Círculo de Lectores, 2004.
6. Schopenhauer, *op. cit.*, p. 4
7. Tamargo, *op. cit.*
8. Tamargo, *op. cit.*
9. Ortega y Gasset, José, "La rebelión de las masas", Barcelona: Ediciones Orbis, 1983, (218 pp.).
10. Ortega y Gasset, José, "Meditación de la técnica", Lima: Santillana, 1997, (95 pp.).
11. Schiller Friedrich, Poema "A los amigos" en "Friedrich Schiller". Colección "Poesía en la mano"; Barcelona: Editorial Yunque, 1940, (99 pp.).
12. Jung, Carl Gustav, "Los tipos psicológicos", Madrid: Editorial Trotta, 2013, Vol. 6.
13. Jiménez Lozano José, Anécdota recogida en "Pintura de silencio". Retratos y naturalezas muertas, Madrid: Editorial Trotta, 2000.
14. Shakespeare William, "Sonetos". Traducido por Ariel Laurencio Tacoronte, la Habana: Editorial Arte y Literatura, 2005.
15. Wolfgang Von Goethe, Johann, "Teoría de los colores", Madrid: Consejo General de la Arquitectura Técnica de España, 2008, (404 pp.).
16. Jiménez Juan Ramón, "Segunda Antolojía poética". Prólogo. Madrid: Editorial Espasa, 1921, (334 pp.).
17. Polión. Vitruvio "Los diez libros De Archîtectura". Traducidos del latín y comentados por Don Joseph Ortiz y Sanz. Madrid: Imprenta Real, 1787
18. Schopenhauer, *op. cit,* p. 4

**Bibliografía**

Gamoneda Antonio, "Exentos I". "Esta luz". Poesía reunida, Barcelona: Editoriales Galaxia Gutenberg y Círculo de Lectores, 2004.

Jiménez Juan Ramón, "Segunda Antolojía poética". Prólogo. Madrid: Editorial Espasa, 1921.

Jiménez Lozano José, Anécdota recogida en "Pintura de silencio". Retratos y naturalezas muertas, Madrid: Editorial Trotta, 2000.

Jung, Carl Gustav, "Los tipos psicológicos", Madrid: Editorial Trotta, 2013.

Lezama Lima José, "La dignidad de la poesía", Tratados de La Habana, la Habana: Editorial Letras Cubanas, 2009.

Ortega y Gasset, José, "La rebelión de las masas", Barcelona: Ediciones Orbis, 1983.

_____; "Meditación de la técnica", Lima: Santillana, 1997.

Polión. Vitruvio "Los diez libros De Archîtectura". Traducidos del latín y comentados por Don Joseph Ortiz y Sanz. Madrid: Imprenta Real, 1787

Schiller Friedrich, Poema "A los amigos" en "Friedrich Schiller". Colección "Poesía en la mano"; Barcelona: Editorial Yunque, 1940.

Schopenhauer Arthur, "El mundo como voluntad y representación", Madrid: Editorial Trotta, 2009.

Shakespeare William, "Sonetos". Traducido por Ariel Laurencio Tacoronte, la Habana: Editorial Arte y Literatura, 2005.

Tamargo, Jorge. "La imagen entre la fuga y la estancia". Blog literario "Encomio de la imagen". Marzo, 2012. Recuperado de: (http://encomiodelaimagen.blogspot.com.es/2012/03/la-imagen-entre-la-fuga-y-la-estancia.html)

Wolfgang Von Goethe, Johann, "Teoría de los colores", Madrid: Consejo General de la Arquitectura Técnica de España, 2008.

# Sobre los autores

### Hugo Ahumada Ostengo
Nace en Tucumán, Argentina. Se recibe de arquitecto en la Facultad de Arquitectura de la Universidad Nacional de Tucumán en 1984. Desde 1984, realiza la tarea docente ocupando actualmente los cargos de Profesor en Teoría de la Arquitectura y en Taller de Proyectos. Ha participado en 13 concursos nacionales y regionales de anteproyectos, obteniendo un primer premio y diversas menciones. Ha realizado numerosos cursos y seminarios de Posgrado en el área de Teoría y Diseño arquitectónico. Realiza la Maestría en Diseño arquitectónico en la UNAM, desde febrero de 2000.

### María Isabel Arenillas Cuétara
Arquitecta por UABC. Maestrante en Diseño Arquitectónico por la UNAM. Ejercicio profesional: Coordinadora de taller de proyectos arquitectónicos en diversos despachos. Directora General de Orozco & Arenillas, Arquitectos; Mexicali, B.C. Docencia: Coordinadora del Diplomado "Pureza y dispersión de las artes", UIA y profesora de módulo. Coordinadora de los Diplomados "Arte Contemporáneo" y "Nuevos Lenguajes del Arte" de la UIA en el Museo Tamayo y profesora de los módulos sobre arquitectura y artes visuales. Profesora de módulo "Instituciones y Geografías Culturales" en "Arte y cultura en la posmodernidad", UIA.

### Alejandro Aura
Poeta, narrador, dramaturgo, director de escena y guionista. Fue director y guionista de programas de radio y televisión y autor de varios de ellos como: Azul, En su tinta y Entre amigos. Dirigió también talleres de poesía, para instituciones como la Universidad Nacional Autónoma de México (UNAM) y la Autónoma Metropolitan (UAM). Impartió cursos de Teatro Clásico, Danza y Montaje Escénico; tuvo colaboraciones para varias revistas y suplementos dominicales de México y otros países. Gozó de la beca del Centro Mexicano de Escritores en 1964. Obra premiada: Los exaltados, de R. Musil, como la mejor coactuación, otorgado por la Asociación Mexicana de Críticos de Teatro, 1974. Los totoles, Premio a la mejor dirección, Unión de Cronistas y Críticos de Teatro, 1985. El retablo de El

dorado, Premio al mejor actor cultural, 1990. Margarita, sinfonía tropical, Premio a la mejor producción musical, 1991. La calle de los coloquios, Premio Único del Concurso Nacional de la Juventud, 1969. Los baños de celeste, Premio Latinoamericano de Cuento, 1972. Volver a casa, Premio Nacional de Poesía Aguascalientes, 1973. Obra publicada: CUENTO: La historia de Nápoles, Centro de Información y Desarrollo de la Comunicación y la Literatura Infantil, México, 1988. Los baños de celeste, ed. Posada, México, 1989. La hora íntima de Agustín Lara, ed. Cal y Arena, México, 1993. El otro lado, Fondo de Cultura Económica, A la orilla del viento, 1993. POESÍA: "Cinco veces la flor", en Poesía Joven de México (colectivo), ed. Siglo XXI, México, 1967. Alianza para vivir, UNAM, 1969. Varios desnudos y dos docenas de naturalezas muertas, Monterrey, Nuevo León, Poesía en el Mundo, 1971. Volver a casa, Instituto Nacional de Bellas Artes/ Joaquín Mortiz, 1974; Popular, Lecturas mínimas, 1987. Tambor interno, Casa de la Cultura del Estado de México, 1975. Hemisferio sur, Papeles Privados, 1982. La patria vieja, Universidad Autónoma de Puebla, Asteriscos, 1986. Cinco veces, Secretaría de Educación Pública, 1989. Poeta en la mañana, Fondo de Cultura Económica, 1991. TEATRO: Las visitas, estr. 1979. Salón calavera, estr. 1982. Xe bubulú (en colaboración con Carmen Boullosa), estr. 1984. Salón calavera, Las visitas y Bang, ed. Océano, 1897.

**Patricia Barroso Arias**
Arquitecta titulada por la Facultad de Arquitectura de la Universidad Nacional Autónoma de México, Maestra en Arquitectura (Mención Honorífica) y doctorando en la misma institución. Impartió cátedra a nivel Licenciatura en la Universidad Tecnológica de México, en la Universidad Latinoamericana y participó como profesor invitado en ISTHMUS Escuela de Arquitectura y Diseño de América Latina y el Caribe en la Ciudad del Saber en Panamá. A nivel posgrado, impartió diversos seminarios en las Maestrías de Arquitectura y Diseño de Interiores en la Universidad Motolinía del Pedregal. Fue Coordinadora General de la revista Arquitectura y Humanidades, CIEP F/A UNAM, tuvo a su cargo la Secretaría Académica de la Escuela de Arquitectura de la Universidad Latinoamericana, fue Coordinadora del nodo México-Argentina de la Red Hipótesis

de Paisaje y fue Investigadora en el Área de Investigaciones y Posgrado (APIM) Universidad Motolinía del Pedregal. En el ámbito Internacional ha participado como ponente en diversos foros académicos y desde el 2001 a la fecha, ha publicado diversos ensayos en revistas académicas, especializadas, científicas y de divulgación cultural en países como México, Argentina, Chile, Costa Rica, Perú, Guatemala y España; colaborando también en arbitrajes para la Revista Mexicana del Caribe editada por el Instituto Mora y para Ciencia Ergo Sum editada por la Universidad Autónoma del Estado de México. Ha participado en la elaboración de los libros "La arquitectura en la poesía" y "El espacio en la narración: Arquitectura en la cuentística hispanoamericana contemporánea, una selección", editados por la F/A UNAM, contribuyó con algunos capítulos para el "Cuaderno latinoamericano de arquitectura No. 2", para los libros "Hipótesis de paisaje" de i+p editorial en Argentina y para el libro "De otros asuntos e historias de la arquitectura: interpretaciones poco conocidas o no divulgadas" de la FA/CIEP de la UNAM. Es autora de los libros "Ideas de arquitectura desde la literatura I", "Teoría e investigación proyectual en la producción arquitectónica" y "La expresión arquitectónica, su forma, su modo y su orden", editados por Architecthum Plus, México-USA. Actualmente participa como Tutora para estancias de investigación y como Co tutora en el Programa de Maestría en Arquitectura de la Universidad Veracruzana, es Profesor de Asignatura Nivel "B" Definitivo en la F/A de la UNAM, donde imparte las asignaturas de Teoría de la arquitectura y de Proyecto, es Coordinadora de Contenido Editorial para la Colección "Arquitectura y Humanidades" en la Editorial Architecthum Plus y participa en el Atlas de Autores de textos teóricos de i+p editorial en Argentina, asimismo realiza varias investigaciones como autora independiente. En el campo profesional ha trabajado en empresas particulares realizando diversos proyectos de vivienda, accesibilidad urbana, diseño de mobiliario y remodelaciones de casa habitación.

**José Cenizo Jiménez**
Nació en Paradas, Sevilla, en 1961. Es un poeta y escritor especializado en el Flamenco. Es Licenciado y Doctor en Filología Hispánica por la Universidad de Sevilla. También profesor de

Lengua Castellana y Literatura (E. Secundaria) desde 1987, de Teoría de la Literatura en la Facultad de Filología de la Universidad de Sevilla de 1999 a 2010 y del Área de Didáctica de la Lengua y la Literatura de la Facultad de Ciencias de la Educación de la Universidad de Sevilla desde 2012. Actualmente, es funcionario en el I.E.S. Beatriz de Suabia. Su labor en el Flamenco se centra en aspectos didácticos, creativos, peñísticos e investigadores: colaborador habitual con artículos o reseñas discográficas o bibliográficos de las revistas El Olivo, Sevilla Flamenca, Candil, Revista de Flamencología y Acordes de Flamenco; Presidente de la Tertulia Flamenca de Enseñantes "Calixto Sánchez" de Sevilla de 1995 a 1997; autor de numerosas coplas flamencas, publicadas muchas de ellas en coedición en el libro De la tierra al aire (1992) y grabadas por Calixto Sánchez en "La poesía del Flamenco", revista Litoral de Málaga, 2005. Fue profesor del curso "Introducción al Flamenco" de la Fundación Cristina Heeren de Sevilla y desde hace varios años imparte el curso "El Flamenco como proceso de comunicación del siglo XXI" en los Cursos Concertados con Universidades Extranjeras de la Universidad de Sevilla. Desde 2012 es coordinador del Programa de Doctorado "Estudios avanzados del Flamenco". Debe su afición al cante a escuchar en directo en su pueblo, en su juventud, al cantaor Miguel Vargas. Entre sus obras, destacan: Poemas en prosa Otra vez septiembre, 1999; En una palabra: armonía. La poética de Ángel F. Sánchez Escobar, 2012; Trayectoria y poética de Emilio Durán, 2012; Un lugar en la tierra: antología, 2006; La palabra y la espera, visión poética de Manuel Fernandez Calvo, 2007; Poesía sevillana: grupos y tendencias (1969-1980), 2002; Rafael Porlan, poeta del 27, 2002; Sevilla: 24 poetas, 24 artistas; La sextina: de Petrarca a la poesía contemporánea; Javier Salvago: una poética de la experiencia y la ironía, 2007; Emoción y ritmo. La visión poética de Manuel Gahete, 2007; Aproximación a la poética plural de Francisco Peralto, 2002; Canciones del sur: antología literaria; La poética del tiempo en la obra de J. Carlos Rodríguez Búrdalo, 2002; Poética y trayectoria de Emilio Durán, 2013; En una palabra: armonía. La poética de Ángel F. Sánchez. Escobar, 2013.Ha recibido los premios: "Joaquín Guichot" de Investigación Educativa (años 1995 y 1996) de la Junta de Andalucía, de Letras Flamencas del Concurso Internacional de

Letras Flamencas de Barakaldo (Vizcaya) y del Festival de las Minas de La Unión (Murcia); de Periodismo e Investigación "Antonio Mairena" 1995 y de "Prosa" 2001 del Festival de La Unión; de investigación sobre la Serrana y de investigación sobre la Petenera.

**Claudio Daniel Conenna**
Arquitecto italo-argentino, nacido en Tandil-Buenos Aires-Argentina, (1959), graduado en la Facultad de Arquitectura y Urbanismo de la Universidad Nacional de la Plata, Argentina/1984. Ph.D. en el Politécnico de la Univesidad Aristóteles de Tesalonica -Grecia/1999. Es arquitecto proyectista en diferentes estudios, trabaja independientemente en Argentina y en Grecia. Dentro de sus actividades académicas; es docente de Diseño Arquitectónico e Historia de la Arquitectura en la Facultad de Arquitectura y Urbanismo de la Universidad Nacional de la Plata, Argentina (1985-93). Es Docente de Diseño Arquitectónico y Teoría de la Arquitectura en la Facultad de Arquitectura de la Universidad Aristóteles de Salónica en Grecia (2001- hasta la actualidad). Cuenta con diversas publicaciones, como 40 artículos, aproximadamente sobre los diferentes edificios y arquitectos de la arquitectura contemporánea, su obra consta de los libros: *Arquitectura Griega monástica, una propuesta orgánica* (2007) y *Dibujos en la arena, los proyectos no realizados* (2009). Tiene dominio del español, inglés, italiano y griego.

**Karina Contreras Castellanos**
México 1974. Maestra en Arquitectura (mención honorífica) por la Universidad Nacional Autónoma de México, obtuvo el grado en el año 2014 con la tesis "El espacio en el espacio: vacío intangible de potencialidad poética". Realizó sus estudios de licenciatura como arquitecta en la Universidad Iberoamericana, titulándose en el año 2000. Ha realizado además otros estudios de posgrado y especialización en la Universidad Politécnica de Cataluña en Barcelona, España. Su experiencia profesional abarca proyectos independientes y en despachos en la Ciudad de México y Barcelona. Actualmente se dedica a realizar proyectos arquitectónicos por cuenta propia y es docente a nivel de maestría en el Posgrado de la Facultad de Arquitectura de la UNAM en Ciudad Universitaria, México D.F. espaciocuatro33@gmail.com

**José Carlos Martín Gallardo Ulloa**
Arquitecto y Maestro en Arquitectura, graduado en el 2002 con Mención Honorífica, con la tesis titulada: *El refugio subterráneo. Un análisis fenomenológico de la percepción espacial en la arquitectura subterránea.*

**María Elena Hernández Álvarez**
Nació en la Ciudad de México. Doctora en Arquitectura, (Mención Honorífica) UNAM; Maestría en Humanidades, Licenciatura en Arquitectura y Master (MDI) U. Anáhuac. Inicia labor docente en 1972; ha impartido diversas cátedras en la ESIA del Instituto Politécnico Nacional, la Universidad Anáhuac, la Universidad Iberoamericana, la UNAM y el Instituto Superior de Ciencia y Tecnología, A.C. Fue Directora de la Escuela de Arquitectura del ISCYTAC (Gómez Palacio, Durango. México). Autora del libro *Arquitectura en la Poesía* (UNAM); coautora con la Dra. Margarita León Vega del libro *El espacio en la Narración* (UNAM); autora del libro *Supuestos morfogenéticos de la Arquitectura. El caso de la Catedral Gótica*. Ha publicado artículos en Universidades y en revistas especializadas. Ponente y organizadora en diversos foros nacionales e internacionales. Ha dirigido numerosas tesis de licenciatura, maestría y doctorado. Fundadora y Directora de la publicación en Internet www.architecthum.edu.mx. Fundadora y Directora de Architecthum-Plus, S.C., editores. En ejercicio libre de la profesión ha desarrollado y edificado diversos proyectos arquitectónicos. Titular del Seminario de Área y Taller de Investigación "Arquitectura y Humanidades" en el Programa de Maestría y Doctorado en Arquitectura de la Universidad Nacional Autónoma de México. Medalla "Alfonso Caso", UNAM por tesis doctoral. Miembro del Jurado del Premio Universidad Nacional y Distinción Nacional para Jóvenes Académicos. Reconocimiento de la Dirección General de Estudios de Posgrado UNAM a tesis doctoral en la Colección 2002. Miembro de Número de la Academia Nacional de Arquitectura. Consejera Técnica (2006-2012) representante de los profesores de Posgrado, Facultad de Arquitectura, UNAM.

**Margarita León Vega**
Nació en Tlalnepantla, Estado de México, México. Poeta y ensayista, estudió la carrera de Letras Hispánicas en la UNAM donde trabaja como investigadora de tiempo completo en el Seminario de Poética del Instituto de Investigaciones Filológicas. En 1985 publicó, con otras poetas mexicanas, el libro *5 botellas al mar*, y en 1995 la UNAM editó su libro *Noche de palabras*. Su poesía ha sido publicada en varias revistas, traducida al inglés y al checoslovaco e incluida en antologías en ambos idiomas. Es Profesora de Literatura Hispanoamericana en el Colegio de Estudios Latinoamericanos de la Facultad de Filosofía y Letras, UNAM. Sus trabajos académicos se han centrado en la narrativa y la poesía hispanoamericanas, lo cual le ha permitido participar en Congresos Internacionales dedicados a la lengua y la literatura hispánicas, así como a temas relacionados dentro del campo de la Semiótica. Sus trabajos han sido publicados en revistas y libros especializados y de difusión. Ha sido catedrática también en el Posgrado de la Facultad de Arquitectura de la UNAM impartiendo Seminarios de Creación Literaria.

**Jorge Aníbal Manrique Prieto**
Maestro en arquitectura (mención honorífica), UNAM. Arquitecto de la Universidad Nacional de Colombia, sede Bogotá; con profundización en vivienda. Ha trabajado en investigaciones de entidades públicas en Bogotá, como diseñador de proyectos en entidades privadas, y como profesor adjunto de posgrado en la Facultad de Arquitectura de la UNAM. Fue ganador de un primer puesto en la "X Anual de Estudiantes de Arquitectura" de la sociedad colombiana de arquitectos, con su proyecto de grado de licenciatura titulado: "Vivienda de alta densidad: Calidad en el Habitar". Proyecto que ha sido publicado en las revistas Escala Colombia y Replanteo. Ha participado en diferentes congresos y encuentros académicos como asistente y como ponente: en Noviembre de 2012 participó en el "XXIV Congreso Panamericano de Arquitectos" en Maceió, Brasil. Y en el año 2013 colaboró como parte del comité organizador y como ponente del "1er. Encuentro Académico Internacional: Reflexiones en torno al proyecto arquitectónico" organizado entre las maestrías en arquitectura de la UNAM y la UNAL, evento que se realizó en Bogotá, Colombia. Actualmente trabaja en una ONG

desarrollando proyectos de infraestructura educativa para lugares marginados en México.

**Iván San Martín Córdova**
Arquitecto egresado de nuestra Facultad de Arquitectura de la UNAM. En esta Casa de Estudios realizó su Maestría en Urbanismo, para después ser becado por la UNAM para estudiar el Doctorado en Proyectos en la Universidad Politécnica de Cataluña, en España, mismo que terminó en el año de 1998 al desarrollar el tema del kitsch como categoría estética en la arquitectura. Se desempeña como investigador de tiempo completo en el Posgrado de nuestra Facultad, en donde es profesor de la clase de "Teorías Estéticas de la Arquitectura" en la Maestría de Diseño Arquitectónico. Coordinador General del Centro de Investigación y Estudios de Posgrado de la Facultad de Arquitectura de la UNAM.

**Jorge Tamargo**
La Habana, 1962. Arquitecto, diseñador y poeta. Desde 1992 reside y trabaja en Valladolid, España. Como arquitecto, ha proyectado y construido numerosos edificios en Cuba y España, ganando además varios premios nacionales (Cuba y España) e internacionales (Ecuador, Cuba, UNESCO). También ha escrito varios artículos, o publicado su obra, según el caso, en revistas especializadas de Cuba, España, Argentina y la UNESCO. Como poeta ha publicado seis poemarios, entre los que se encuentran "Avistándome" (Betania, 2004) "Radiografía de la inocencia" (Ayuntamiento de Las Palmas de Gran Canaria, 2007), "Penúltima espira" (Difícil, 2008) y "Los primeros días de una casa" (Colegio Oficial de Arquitectos de Castilla y León Este. Demarcación de Valladolid, Valladolid, 2008; y ARCHITECTHUM PLUS S.C. Aguascalientes, 2010). Escribe regularmente sobre arte, literatura y pensamiento en su blog: "Encomio de la imagen". También como poeta y diseñador ha obtenido varios premios y menciones en concursos nacionales y/o internacionales.

Otros títulos de la Colección **Arquitectura y Humanidades**:

Volumen 1:
Perspectivas de la arquitectura desde las humanidades I

Volumen 2:
Poética arquitectónica I

Volumen 3:
Espacios Imaginarios I

Volumen 4:
Arquitectura y lo sagrado I

Volumen 5:
Historiografías e interpretaciones de los hechos arquitectónicos I

Volumen 6:
Arquitectura, lugar y ciudad I

Volumen 7:
Paisajes arquitectónicos I

Volumen 8:
Existiendo, habitando lo arquitectónico I

Volumen 9:
Un encuentro de la arquitectura con las artes I

Volumen 10:
Enfoques de la arquitectura desde la filosofía I

Volumen 11:
El espacio privado e íntimo I

Volumen 12:
Reflexiones en torno a un método del diseño arquitectónico I

Volumen 13:
Reflexiones en torno a la crítica del diseño arquitectónico I

Volumen 14:
Reseñas I

Volumen 15:
Luis Barragán

Volumen 16:
La casa

Volumen 17:
Percepción poética del habitar I

www.ingramcontent.com/pod-product-compliance
Lightning Source LLC
Chambersburg PA
CBHW020902090426
42736CB00008B/467